tés exigées par les lois ayant été remplies, nous poursuivrons devant les tribunaux les contrefacteurs de cet ouvrage, ainsi que tous distributeurs ou vendeurs d'éditions contrefaites. Les seuls exemplaires avoués sont revêtus de la signature du Libraire-Editeur, dépositaire du fonds de l'ouvrage.

CETTE GRAMMAIRE SE TROUVE
chez MM. les Libraires ci-après :

Belfort, *Housset, Leclerc.*
Bruyères, *Lievre-George.*
Dié (Saint), *Martin-Hachette.*
Epinal, *Pellerin et Comp^e.*
Jussey, *Poirey.*
Lunéville, *Creusat, Guibal.*
Luxeuil, *Mougeot.* — Lure, *Bettend Odille.*
Mirecourt, *Fricadel, Humbert, Moitrier.*
Montmédi, *Henry.*
Nancy, *George et Grimblot, Leseure, Vincenot, Vidard.*
Neufchâteau, *Beaucolin, Pétri.*
Plombières, *Hérisé.*
Pont-à-Mousson, *A Oursel, Ve Ferry.*
Rambervillers, *Méjeat, Plaisance.*
Remiremont, *Ve Dubiez, Bugeard, V^e l'Evéque, Caillet.*
Toul, *Ve Bastien.*

GRAMMAIRE

FRANÇAISE

D'APRÈS LHOMOND,

MISE SOUS LA FORME

DE DEMANDES ET DE RÉPONSES,

POUR L'USAGE DES ÉCOLES.

NEUVIÈME ÉDITION,

CORRIGÉE, RENFERMANT, COMMÈ LA PRÉCÉDENTE,
1° UN TABLEAU DES MAUVAISES LOCUTIONS
RÉCTIFIÉES, 2°. DES ÉXÈRCICES SUR LES
HOMONYMES FRANÇAIS.

ÉPINAL,

Chez CHARLES GEORGE, Libraire,
sur la Grande-Place, ARCADES NEUVES.

1834.

REMIREMONT, IMPRIMERIE DE Vᵉ DUBIEZ.

COPIE

D'une lettre écrite par Monseigneur l'Evêque de Saint-Dié, à l'auteur de cette Grammaire.

Saint-Dié, le 15 août 1828.

Je verrai avec satisfaction, monsieur, que l'on enseigne dans les Écoles de mon Diocèse, votre Grammaire française de LA 5ᵉ ÉDITION. L'exactitude, l'ordre et la clarté qui y règnent, et le choix des exemples que vous proposez, me semblent la rendre recommandable.

† JACQUES-ALEXIS,
Évêque de Saint-Dié.

PRÉFACE.

Les Grammaires élémentaires se sont tellement multipliées depuis quelques années, qu'il semble d'abord superflu d'en faire paraître de nouvelles. Tant d'habiles professeurs ont travaillé à perfectionner l'enseignement des principes de notre langue, qu'on pourrait croire qu'ils en ont aplani toutes les difficultés, si l'expérience ne montrait que la plupart de nos livres classiques ne sont pas encore assez simplifiés.

Parmi nos abrégés, la Grammaire française de M. Lhomond fut long-temps adoptée presqu'exclusivement dans toutes les écoles : sa clarté et sa simplicité lui méritaient justement cette préférence, dont elle jouirait sans doute encore si le cadre n'en avait paru un peu resserré. Un auteur classique, voulant remédier à cette imperfection, est tombé dans un excès opposé : ses définitions et ses remarques trop étendues, trop scientifiques, trop abstraites, sont, pour la plus grande partie, au-dessus des forces et de l'intelligence du premier âge. Il faut aux enfans des définitions claires, courtes, précises, et, pour ainsi dire, palpables ; des définitions dégagées de toute idée abstraite ; il faut surtout écarter de leurs leçons ce qui peut y apporter du dégoût. Or est-il dans l'ordre que l'enfance puisse se livrer sans répugnance à l'étude de ces longues définitions métaphysiques, si déplacées dans la plupart des Grammaires élémentaires ?

On a eu pour but d'éviter les deux extrêmes dans le livre élémentaire que l'on présente aujourd'hui. Quoique dans un espace assez resserré, il renferme néanmoins toutes les règles importantes de notre syntaxe, mais sans aucune superfluité. On a conservé le texte de Lhomond dans les endroits où l'on ne pouvait rien substituer de plus précis. La méthode des demandes et des réponses a paru préférable, parce qu'elle facilite et abrège les définitions : souvent même les demandes les font pressentir. D'ailleurs ces repos périodiques, que l'élève rencontre à la fin des réponses, soulage sa faible mémoire. Par-là, il peut encore plus aisément rendre compte de ses progrès, soit dans les exercices publics, soit dans les exercices particuliers que lui font subir ses parens.

On a cru que dans une Grammaire à l'usage des écoles, on ne devait pas donner à certaines règles tous les développemens dont elles sont susceptibles. On s'est aussi presque toujours borné à un seul exemple pour chaque question : c'est aux maîtres à y suppléer. Il ne faut qu'un peu d'expérience dans l'enseignement pour savoir que rien ne décourage plus aisément les enfans que ce fatras d'exemples et d'observations minutieuses, que ces remarques critiques dont on surcharge leur mémoire. Que d'abord on leur inculque bien les règles générales, l'usage apprendra facilement les exceptions ; les maîtres d'ailleurs seront attentifs à les faire observer dans la suite, mais seulement lorsqu'elles se présenteront d'elles-mêmes. Un abrégé de cette longueur suffit donc au premier âge, et même à toute personne qui, par son état, n'a ni le temps ni les moyens d'approfondir la Grammaire. Ce n'est guère que quand le jugement est déjà formé, qu'on peut acquérir dans cette science des connaissances plus étendues : alors, seulement, il convient de faire lire et d'expliquer aux jeunes gens quelques-unes de nos excellentes Grammaires générales et raisonnées ; où ils découvriront une grande quantité de remarques savantes et judicieuses qu'ils n'avaient pas dû puiser dans des élémens.

Les renvois et les exercices pratiques placés au bas des pages et à la suite des chapitres ne sont pas destinés à augmenter la tâche des élèves, et il faut bien se garder d'en fatiguer leur mémoire ; nous y avons envisagé la facilité qu'y trouveront, pour l'explication des leçons, non-seulement les jeunes instituteurs des campagnes qui n'ont pu acquérir encore, dans l'art difficile de bien enseigner, toute l'expérience que donne seule une longue pratique ; mais aussi les élèves instructeurs par lesquels un maître, chargé d'une nombreuse classe, est souvent obligé de se faire aider ou suppléer.

Les progrès des élèves résultent du mode d'enseignement employé pas l'instituteur, bien plus que des leçons de mémoire qu'il exige d'eux. Pour leur alléger le travail, s'assurer de leur intelligence et la développer, il doit leur présenter les matières sous plusieurs faces; changer, par transpositions, les réponses en demandes; d'une réponse trop longue en faire plusieurs, ce qui est facile en multipliant les questions; citer, pour chaque règle, beaucoup d'exemples, et en faire appliquer par les élèves, de leur propre choix; se servir quelquefois de mauvaises locutions, pour les leur faire rectifier conformément à la règle violée. C'est ainsi que, par sa persévérance à répéter cent fois les mêmes objets, sous cent formes diverses, il voit enfin fructifier ses soins.

Il est encore nécessaire que, par le moyen des dictées, des thêmes et des analyses, il fasse marcher journellement la pratique à la suite de la théorie. Des exercices pratiques et gradués ont été composés sur chacune des règles de l'orthographe, de la syntaxe et sur l'analyse grammaticale. Il emploiera avantageusement la Cacographie méthodique par M. MUNIER, la Cacologie méthodique par le même auteur, et les exercices français par MM. NOEL et CHAPSAL.

L'orthographe des homonymes exige encore un soin particulier. Puissent les exercices qui se trouvent à la suite de cette grammaire leur faciliter cette branche d'instruction trop négligée jusqu'à présent dans les écoles.

En nous promettant des observations sur la manière d'inculquer aux élèves les élémens de la Grammaire, nous n'avons pas la prétention de les présenter aux Maîtres exprimentés comme des préceptes : pour eux elles sont superflues et même inutiles ; le seul motif qui nous détermine à les publier, c'est l'espoir qu'elles pourront être de quelque utilité aux jeunes Instituteurs dans les pénibles mais honorables fonctions auxquelles ils se sont voués.

Il existe dans chaque contrée une quantité de locutions vicieuses, qui s'y perpétuent et dont se servent même un grand nombre de personnes de la bonne société qui ont reçu de l'instruction. Persuadé que le meilleur moyen de les détruire chez les jeunes gens, ou de les en préserver, consiste à les leur faire connaître de bonne heure, nous avons placé, à la fin de ce livre, un petit tableau de ces mauvaises expressions avec les corrections en regard.

GRAMMAIRE
FRANÇAISE.

D. **Q**u'est-ce *que la grammaire ?*

R. C'est l'art de parler et d'écrire correctement. Pour parler et pour écrire, on emploie des mots ; les mots sont composés de syllabes, et les syllabes sont composées de lettres.

D. *Combien y a-t-il de lettres dans l'alphabet ?*

R. Il y a vingt-cinq lettres, que l'on divise en voyelles et en consonnes.

D. *Combien y a-t-il de voyelles ?*

R. Il y a cinq voyelles : *a, e, i, o, u,* et *y.* On les appelle *voyelles*, parce que, seules, elles forment une voix et un son.

D. *Combien y a-t-il de consonnes ?*

R. Dix-neuf, savoir : *b, c, d, f, g, h, j, k, l, m, n, p, q, r, s, t, v, x,* z. On les appelle *consonnes*, parce qu'elles ne forment un son qu'avec le secours des voyelles, comme *ba, be, bi, bo, bu ; ca, ce, ci, co, cu ; ga, ge, gi, go, gu,* etc.

D. *Qu'est-ce qu'une syllabe ?*

R. C'est une ou plusieurs lettres qui forment

un son ; ainsi dans le mot *opulent*, il y a trois syllabes : *o-pu-lent.*

D. *Comment appelle-t-on les mots d'une syllabe ?*

R. Les mots d'une syllabe s'appellent mono-syllabes. Exemple : *Dieu voit tout.*

D. *Qu'est-ce que les voyelles longues ?*

R. Les voyelles longues sont celles sur lesquelles on appuie plus long-temps que sur les autres en les prononçant.

D. *Qu'est-ce que les voyelles brèves ?*

R. Ce sont celles sur lesquelles on appuie moins long-temps.

D. *Donnez des exemples des voyelles longues et brèves ?*

R. *A* est long dans *pâte* pour faire du pain, il est bref dans *patte* d'animal.

E est long dans *tempête*, et bref dans *trom-pette ;*

I est long dans *gîte*, et bref dans *petite ;*

O est long dans *côte*, et bref dans *dévote ;*

U est long dans *flûte*, et bref dans *butte ;*

D. *Combien distingue-t-on de sortes d'e ?*

R. Il y a trois sortes d'*e* : l'*e* muet, l'*é* fermé, l'*è* ouvert.

D. *Comment se prononcent-ils ?*

R. L'*e* muet se prononce *eu*, comme dans *table, monde, plume ;*

L'*é* fermé se prononce *é*, comme dans *bonté, vérité, café ;*

L'*è* ouvert se prononce *ai*, comme dans *procès, gilet.* (1)

D. *Pour marquer les différentes sortes d'e et les voyelles longues, quels signes emploie-t-on ?*

R. On emploie trois petits signes que l'on nomme *accens*, savoir : l'accent *aigu* (´), qui se met sur les *é* fermés ; l'accent *grave* (`), qui se met sur les *è* ouverts, et l'accent *circonflèxe*, (^), qui se met sur la plupart des voyelles longues.

D. *Comment se forment les accens ?*

R. L'accent *aigu* se forme en tirant la ligne de droite à gauche (´) ; l'accent *grave*, en tirant la ligne de gauche à droite (`), et le *circonflèxe*, formé des deux autres, a la figure d'un V renversé (^). (2)

D. *Comment s'emploie l'y ?*

R. Le plus souvent pour *ii*, comme dans *paysan*, *moyen*, *joyeux* ; prononcez comme s'il y avait *pai-isan*, *moi-ien*, *joi-ieux*.

D. *Combien y a-t-il de sorte d'h ?*

R. Il y a deux sortes d'*h*, l'*h* aspirée et l'*h* muette.

---

(1) Comment se nomme l'*e* du mot *fable*.. *porte*.. *soutane*.. *livre*.. *petite*.. *péché*.. *nez*.. *charité*.. *accès*.. *succès*.. *bonnet*.. *plumet*.. *mulet*.. *livret*... etc.

(2) Faites un accent aigu.. un accent grave.. un accent circonflèxe. Tracez-le avec le doigt.

D. *Qu'est-ce que l'h muette ?*

R. C'est celle qui ne se prononce pas, comme dans *l'homme*, *l'honneur*, *l'histoire*.

D. *Et l'h aspirée ?*

R. C'est celle qui fait prononcer du gosier la voyelle qui suit, comme *la haine*, *les héros*. (1)

D. *Quelles sont les dix sortes de mots qu'on appelle les* parties du discours ?

R. Ce sont le *nom*, *l'article*, *l'adjectif*, le *pronom*, le *verbe*, le *participe*, la *préposition*, *l'adverbe*, la *conjonction*, et *l'intrejection*.

LE SUBSTANTIF ou LE NOM.

D. *Qu'est-ce que le substantif?*

R. C'est un mot qui sert à nommer une personne ou une chose.

D. *Quel autre moyen y a-t-il encore de distinguer le substantif ou le nom ?*

R. Tout objet qu'on peut *voir*, *entendre*, *flairer*, *goûter*, *toucher* est substantif. (2)

---

(1) Comment se nomme l'*h* qui est dans le mot *habit*.. *herbe*.. *hameçon*.. une *habitude*.. un *hérétique*.. une *héroïne*.. un *héros*.. une *halle*.. les *hannetons*.. un *hibou*.. un *hareng*.. etc.

(2) Citez-moi 6 noms qui conviennent à des arbres, 5 noms de vêtemens.. 8 noms de parens.. 7 noms d'animaux.. 4 noms d'outils..—Dites-moi 8 noms qu'on trouve dans une chambre.. dans un jardin., dans une école.. dans... etc.

D. *Combien y a-t-il d'espèces de substantifs?*

R. Il y a deux sortes de substantifs ; le substantif *commun* et le substantif *propre.*

D. *Qu'est-ce que le substantif commun ?*

R. Le substantif commun est celui qui convient à plusieurs personnes ou à plusieurs choses semblables : *homme, cheval, maison,* sont des substantifs communs.

D. *Qu'est-ce que le substantif propre ?*

R. Le substantif propre est celui qui ne convient ni à toutes les personnes ni à toutes les choses de la même espèce. Exemple : *Adam, Eve, Epinal, la Moselle.* (1)

D. *Combien y a-t-il de genres dans les noms?*

R. Il y a deux genres ; le masculin et le féminin : les noms d'hommes et de mâles sont du genre masculin ; les noms de femmes et de femelles sont du genre féminin. (2)

Les substantifs *abstraits,* c'est-à dire ceux qui n'existent qu'en idée , et qui ne se conçoivent que par la pensée, sont formés des adjectifs; mais il né faut en parler aux élèves qu'après qu'ils savent distinguer l'adjectif d'avec le substantif. Alors on doit leur adresser ces questions : quel substantif abstrait forme-t-on de l'adjectif *bon..sage..prudent..content..beau..doux..fou..grand..juste..* etc ? R. La bonté., la sagesse..la prudence.., etc.

(1) Ville.. Nancy.. Mirecourt.. Village.. Mattaincourt.. Rivière.. la Meuse.. la Vologne.. Roi.. Louis-Philippe.. Homme.. Pierre.. Henri.. quel substantif est-ce ?

(2) De quel genre est un père..une mère..un oncle.. une tante..un neveu..une nièce..un bœuf..une vache..un bouc.. une chèvre ?

D. Combien y a-t-il de nombres dans les noms?

R. Il y a deux nombres ; le singulier et le pluriel : le singulier, lorsqu'on ne parle que d'une seule personne ou d'une seule chose, comme un *homme*, un *livre*, une *table;* le pluriel, lorsqu'on parle de plusieurs personnes ou de plusieurs choses, comme des *hommes*, des *livres*, des *tables.*

D. Les noms finissent-ils au pluriel comme au singulier ?

R. Non, pour former le nom pluriel, on ajoute une *s* à la fin.

EXEMPLES.

Singulier.	*Pluriel.*	*Singulier.*	*Pluriel.*
Le jardin,	les jardins ;	la plume,	les plumes ;
Le livre,	les livres ;	la règle,	les règles. (1)

D. Quand un nom finit au singulier par au, eu, *prend-il aussi une* s *au pluriel?*

R. Les noms terminés au singulier par *au*, *eu*, prennent une *x* au pluriel.

EXEMPLES.

Le feu,	les feux.
Le chapeau,	les chapeaux.

D. N'y a-t-il pas aussi des noms terminés au singulier par ou *qui prennent une* x *au pluriel?*

R. Les noms en *ou* qui prennent un *x* au pluriel,

-----

(1) Faites écrire à l'élève un grand nombre de noms réguliers, au singulier et au pluriel.

sont : *le bijou, le chou, le genou, le hibou, le glouglou, le caillou, le verrou.* (1)

[Tous les autres noms en *ou* ont une *s* au pluriel : *le licou, les licous ; le matou, les matous,* etc.]

D. *Les noms terminés au singulier par* al, *comment ont-ils leur pluriel ?*

R. Ils ont leur pluriel en *aux*, et jamais en *eaux.* Exemples : le *mal*, les *maux ;* le *cheval*, les *chevaux ;* le *caporal*, les *caporaux.*

Il y a, par exception, trois noms en *al*, qui n'ont pas leur pluriel en *aux :* bal, régal; carnaval. On dit les *bals*, les *régals*, les *carnavals.*

D. *Quels sont les noms en* ail *qui ont aussi leurs pluriels terminés par* aux ?

R. Ce sont le *bail*, les *baux*, le *corail*, les *coraux ;* le *bétail*, les *bestiaux ;* le *soupirail*, les *soupiraux ;* le *travail* (2), les *travaux.*

---

(1) Faites écrire aux élèves le singulier et le pluriel des noms le jeu, le rideau, le manteau, le chou, le bijou , le genou, le cheveu, le couteau, le fourreau, le neveu, le lieu, l'eau, etc. Faites-leur remarquer que les noms singuliers dont la terminaison est en *au* finissent par *eau* et non par *au*, excepté seulement *boyau, joyau, tuyau, noyau, gluau, aloyau.*

(2) Le travail fait aussi au pluriel les *travails* quand il signifie une machine de bois à laquelle on attache les chevaux fougueux pour les ferrer, et quand il est question de comptes d'un ministre d'état, ou de ceux d'un fonctionnaire public.

Tous les autres noms en *ail*, finissent au pluriel par *ails*; les *détails*, les *gouvernails*, les *portails*, les *attirails*, etc. etc.

D. *Quel est le pluriel des trois noms* aïeul, ciel, œil ?

R. *Aïeul, ciel, œil*, font au pluriel *aïeux, cieux, yeux*. (1)

D. *Quels sont les noms qui se terminent au pluriel comme au singulier ?*

R. Ce sont, 1° les noms terminés au singulier par *s*, *x*, *z*; 2° les noms qui viennent du latin ou de l'hébreu. Exemples : la *croix*, les *croix*; un *pater*, des *pater*. (2)

D. *N'avons-nous pas quelques substantifs qui ne s'emploient qu'au singulier, et pas au pluriel ?*

R. En voici quelques-uns : la *foi*, la *sincérité*, la *candeur*, l'*estime*, l'*encens*, l'*or*, l'*argent*, le *sang*.

---

(1) On dit des *ciels* de lit, pour désigner le haut d'un lit. On dit des *œils* de bœufs, en parlant de petites lucarnes faites en rond dans la couverture des maisons.

(2) Faites écrire au singulier et au pluriel les noms *fils, bras, choix, croix, voix, repas, puits, vernis, nez, dos, noix, pater, ave, quiproquo, duo, alleluia, in-quarto*.

D. *Citez-nous aussi quelques substantifs qui ne s'emploient qu'au pluriel ?*

R. En voici : *ancêtres*, *funérailles*, *mœurs*, *pleurs*, *matines*, *vêpres*, *ténèbres*, *ciseaux*, *pinéettes*. Ces substantifs n'ont point de singulier.

D. *Les noms propres d'hommes précédés de l'article les, ne prennent-ils pas quelquefois la marque du pluriel ?*

R. Les noms propres prennent la marque du pluriel quand ils signifient *des hommes tels que*. Exemples : les Homères, les Virgiles, les Cicérons·sont rares ; mais ils sont inavariables quand ils ne font que désigner plusieurs individus du même nom. Exemple : tous les *Simon* de ce village sont frères.

DE L'ARTICLE.

D. *Qu'est-ce que l'article ?*

R. *L'article* est un petit mot que l'on met avant les noms communs, pour en faire connaître le genre et le nombre.

D. *Combien avons-nous d'articles ?*

R. Nous n'avons qu'un article, *le*, *la*, au singulier, *les* au pluriel. *Le* se met avant les noms masculins singuliers ; *la* se met avant les noms féminins singuliers ; *les* se met avant tous les noms pluriels, soit masculins, soit féminins. Ainsi l'on connaît qu'un nom est du genre masculin, quand on peut mettre *le* devant ce nom, et l'on connaît qu'un nom est du féminin, quand on peut mettre *la* (1)

D. *Pourquoi rapporte-t-on à l'article les mots* du, des, au, aux ?

R. C'est parce qu'ils sont formés de l'article et de l'une des prépositions *de* ou *à.*

D. *Donnez-en des exemples ?*

R. On dit *du* pour *de le*, *des* pour *de les* : *l'eau* du *fleuve*, pour *l'eau* de le *fleuve*; *l'eau* des *fleuves*, pour *l'eau* de les *fleuves.*

On dit *au* pour *à le*; *aux* pour *à les*; *puiser de l'eau* aux *fleuves*, pour *à les fleuves.* (2)

D. *Quand doit-on retrancher la lettre* e *dans le mot* le, *et la lettre* a *dans le mot* la?

R. On retranche *e* dans le mot *le* et *a* dans le mot *la*, quand le mot suivant commence par une voyelle ou une *h* muette; ainsi on dit l'*argent*, pour le *argent*, l'*histoire* pour la *histoire*; mais alors, à la place de la lettre retranchée, on met une petite figure (') que l'on appelle apostrophe.

---

(1) Citez alternativement à l'élève quantité de noms masculins et féminins, sans les accompagner de l'article; demandez-lui en le genre, ensuite le nombre; évitez d'abord les noms qui commencent par une voyelle, ou une *h* muette.

(2) Ainsi *le*, *la*, *les* s'appellent articles simples; *du*, *des*, *au*, *aux*, articles composés.

DE L'ADJECTIF.

D. *Qu'est-ce que L'adjectif ?*

R. *L'adjectif* est un mot qui marque la qualité d'une personne ou d'une chose.

D. *Quel mot est adjectif dans du pain* blanc... *un chapeau* rond... *un* bon père... ?

R. *Blanc... rond... et bon...* (1)

D. *Comment peut-on connaître encore qu'un mot est adjectif ?*

R. On connaît qu'un mot est adjectif, quand on peut y joindre les mots *personne, chose,* ou *homme ;* ainsi, *habile agréable* sont des adjectifs, parce qu'on peut dire *personne* habile , *chose agréable.*

D. *De quel genre sont les adjectifs ?*

R. Tout adjectif est de deux genres : il est au *masculin* quand il est joint à un nom masculin, et il est *féminin* quand il est joint à un nom féminin.

D. *Comment se marque cette différence de genres.*

R. Cette différence de *genres* se marque par un *e* muet, que l'on met à la fin de tout adjectif féminin. (2)

---

(1) Trouvez six adjectifs ou six qualités qui peuvent convenir à tel ou tel objet... Par exemple à un écolier, à une maison, etc. (Il est important de faire aux élèves beaucoup de questions de ce genre)

(2) Il y a des adjectifs qui se terminent même au masculin par un *e* muet ; exemples : *honnête, fidèle, tranquille.*

EXEMPLES :

Masculin.	Féminin.
Saint,	sainte.
Petit,	petite.
Poli,	polie.
Aimé,	aimée.

D. *Quels sont les adjectifs qui doublent au féminin leur dernière consonne?*

R. Ce sont les adjectifs terminés par une *l*, une *n*, une *s*, un *t.*

EXEMPLES :

Masculin.	Féminin.	Masculin.	Féminin.
Cruel,	cruelle.	Bon,	bonne.
Bel,	belle (1)	Gros,	grosse.
Nul,	nulle.	Net,	nette.
Ancien,	ancienne.	Sot,	sotte.

EXCEPTION :

D. *Les adjectifs terminés au masculin par al, doublent-ils l'l finale au féminin?*

R. Non, les adjectifs en *al* n'ont qu'une *l* au féminin.

EXEMPLES :

Masculin.	Féminin.	Masculin.	Féminin.
Episcopal...	épiscopale.	égal......	égale.
Légal.........	légale.	frugal...	frugale. (2)

(1) Les adjectifs *beau, nouveau, fou, mou, vieux,* qui font encore au masculin *bel, nouvel, fol, mol, viel* devant une voyelle ou une *h* muette, doublent aussi la lettre *l* au féminin, *belle, nouvelle, folle,* etc.

(2) Nous avons encore six adjectifs en *il* qui ne doublent pas la lettre *l* au féminin : ce sont *vil, civil, volatil, subtil,*

D. *Citez les adjectifs terminés par une* n, *une* s *et un* t, *qui, par exception, ne doublent pas la consonne finale au féminin.*

R. Ce sont *mahométan, musulman, mauvais, niais, ras, gris, discret, secret, dévot, inquiet, complet, bigot, cagot.*

D. *Quelle est la terminaison féminine des adjectifs qui finissent par* x *au masculin ?*

R. Ils finissent au féminin par *se*. Exemples : *honteux, honteuse ; heureux, heureuse ; jaloux, jalouse.*

Exceptions : *doux* fait *douce; roux* fait *rousse; faux* fait *fausse*

Comment fait au féminin l'adjectif (1)

Demandes.	Réponses.
blanc ?	blanc fait *blanche.*
franc ?	franc fait *franche.*
sec ?	sec fait *sèche.*
public ?	public fait *publique.*
caduc ?	caduc fait *caduque.*
turc ?	turc fait *turque.*
grec ?	grec fait *grecque.*
malin ?	malin fait *maligne.*
bénin ?	bénin fait *bénigne,*
favori ?	favori fait *favorite.*
long ?	long fait *longue.*

viril, bissextil. Tous les autres adjectifs de cette terminaison finissent par *ile* au masculin comme au féminin : excepté *tranquille* et *imbécille* qui ont deux *l*.

Espagnol fait *Espagnole*.

(1) Répétez la question devant chaque adjectif, et faites-les écrire au masculin et au féminin; faites-en de même de tous les adjectifs, en les joignant tantôt à des noms masculins, tantôt à des noms féminins, etc.

D. Quand un adjectif se termine au masculin par une f, *comment finit-il au féminin ?*

R. On ôte l'*f* au féminin pour mettre à sa place *ve*.

EXEMPLES :

Masculin.	*Féminin.*	*Masculin.*	*Féminin.*
Bref,	brè*ve*.	Vif,	vi*ve*.
Veuf,	veu*ve*.	Neuf,	neu*ve*.
Naïf,	naï*ve*	Actif,	acti*ve*.

D. Quelle est la terminaison féminine des adjectifs en eur *?*

R. Il y a des adjectifs en *eur* qui ont leur féminin en *euse* d'autres en *eure*.

EXEMPLES :

Masculin.	*Féminin.*	*Masculin.*	*Féminin.*
Menteur,	ment*euse*.	Majeur,	maj*eure*.
Trompeur,	tromp*euse*.	Meilleur,	meill*eure*.

D. Quels sont les six adjectifs en eur *qui ont leur féminin en* resse *?*

R. Ce sont *enchanteur, enchanteresse ; pécheur, pécheresse ; vengeur, vengeresse ; défendeur, défenderesse, demandeur, demanderesse ; bailleur, bailleresse.*

(Ces trois derniers ne s'emploient qu'au palais)

D. Nous avons beaucoup d'adjectifs en teur *qui ont leur féminin en* trice *; citez-en qulques-uns ?*

R. En voici : *accusateur... accusatrice... acteur... actrice...* etc.

D. Quel est le féminin de bienfaiteur... conservateur... consolateur... corrupteur... débiteur...

directeur.. distributeur.. instituteur.. lecteur..
libérateur.: opérateur.. protecteur... spectateur..
tuteur.. usurpateur.. etc ?

R. *Bienfaitrice.. conservatrice.. etc.*

D. *Quel est le féminin d*'empereur.. ambassa-
deur.. roi.. prince.. duc.. comte.. oncle.. gendre..
serviteur.. ivrogne.. traître.. jumeau.. tigre.. cerf..
sanglier.. coq ?

R. *Impératrice.. embassadrice.. reine.. princesse.. duchesse.. comtesse.. tante.. bru.. servante.. ivrognesse.. traîtresse.. jumelle.. tigresse..
biche.. laie.. poule..*

D. *Quel est le féminin des adjectifs* auteur,
orateur, peintre, propriétaire, imprimeur, médecin, témoin, locataire ?

R. Ces acjectifs n'ont point de féminin ; ainsi
on dit d'une dame : elle est *auteur, médecin,
propriétaire,* etc. (1)

D. *Comment se termine l'adjectif quand il
est au pluriel ?*

R. L'adjectif pluriel se termine par une *s.*

Exemples.

Singulier.	*Pluriel.*
Un homme poli.	*des hommes* polis.
Une femme polie.	*des femmes* polies.
Un livre déchiré.	*des livres* déchirés.
La table déchirée.	*les tables* déchirées.

---

(1) Les mots indiqués comme adjectifs dans ces trois
dernières réponses sont plus souvent employés comme
substantifs que comme adjectifs.

L'adjectif est considéré comme substantif quand, au

D. *Les adjectifs en* au *prennent ils une* s *au pluriel ?*

R. Non, ils prennent une *x.* Exemples :

Singulier.   *Pluriel.*

Du vin *nouveau*,   des vins *nouveaux.*
Ce livre est *beau*,   ces livres sont *beaux.* (1)

D. *Les adjectifs en* al *ont-ils tous leurs pluriels en* aux *?*

R. Non, les adjectifs *filial*, *fatal*, *frugal*, *pascal*, *pastoral*, *naval*, *trivial*, *vénal*, *austral*, *boréal*, *final*, n'ont jamais leur pluriel en *aux.* (2)

ADJECTIFS POSSESSIFS, DÉMONSTRATIFS
ET NUMÉRAUX.

D. *Qu'est-ce que les adjectifs possessifs ?*

R. Ce sont ceux qui servent à marquer la possession de la chose dont on parle. Exemple : *mon* livre, *ta* plume, *son* chapeau.

---

lieu de désigner une qualité, il indique une personne ou une chose.

(1) Les adjectifs dont la dernière syllabe a le son en *eux*, prennent une *x* au singulier comme au pluriel. Exemples : un homme *pieux*, *heureux*, *honteux*, *fâcheux* ; des hommes *pieux*, *heureux*, *honteux*, *fâcheux*. (*Bleu* est le seul adjectif en *eu* qui n'ait pas d'*x* au singulier et qui prenne une *s* au pluriel : un habit *bleu*, des habits *bleus*.)

(2) D'après l'autorité de la *Grammaire des Grammaires*, ces onze adjectifs ont leur pluriel masculin en *als* ; d'autres grammairiens prétendent qu'ils n'ont jamais de pluriel au masculin.

D. *Dites-les adjectifs possessifs au :...*

Masculin-Sing.... au Féminin-Sing.... au pluriel des deux genres.

R. Mon.	Ma.	Mes.
Ton.	Ta.	Tes.
Son. (1)	Sa.	Ses.
Notre.	Notre.	Nos.
Votre.	Votre.	Vos.
Leur.	Leur.	Leurs.

D. *Comment se nomment les adjectifs* ce : cet, cette, ces ?

R. On les nomme adjectifs démonstratifs, parce qu'ils montrent les choses dont on parle. Ex. ce livre, cet homme, cette table, ces fleurs. (2)

D. *Quels sont les adjectifs numéraux ?*

R. Ce sont les nombres cardinaux et les nombres ordinaux.

D. *Dites les nombres cardinaux ?*

R. Un, deux, trois, quatre, cinq, six, sept, huit, neuf, dix, vingt, trente, etc. Ces nombres ne prennent point la marque du pluriel. (3)

---

(1) *Mon, ton, son* s'emploient aussi devant les noms féminins qui commencent par une voyelle ou une *h* muette. On dit *mon* ame pour ma ame, *ton* humeur pour *ta* humeur, etc.

(2) On met *ce* devant un nom qui commence par une consonne, et *cet* devant le nom qui commence par une voyelle ou une *h* muette.

(3) Mes *quatre* pages, vos *douze* volumes.

1*

D. *Dites les nombres ordinaux ?*

R. Ce sont premier, second *ou* deuxième, troisième, quatrième, cinquième, etc. Ils sont terminés en *ième*, excepté *premier*, *second*, et ils prennent une *s* au pluriel. (1)

EXERCICES PRATIQUES SUR LES ADJECTIFS.

Ecrivez (*par appellation*) :

Un homme *poli*, (2) un écolier *pol*... une femme *polie*, une fille *pol*... les hommes *pol*... les écoliers *pol*... —le bras *nu*, la jambe *nue*, la tête *n*... —une *jolie* fleur, un *joli* bouquet.. —un jardin *fleuri*, une branche *fl*.. —le *vrai* moyen, la *vr*... politesse. — un homme *estimé*, une demoiselle *est*... une maison *est*... —un monde *créé*, une terre *créée*. — un instituteur *agréé*, une institutrice *agréée*. —un fruit *sec*, une poire *sèche*, du foin *s*... de la paille *s*... —un officier *public*, une affaire *publique*, une école *pub*... un jeu *pub*... un lieu *pub*...le *public* est averti qu'il y aura une vente *pub*... — un homme *caduc*, un testament *cad*... le mal *cad*... une femme *caduque*, une branche *cad*... — un chant *turc*, une chanson *turque*, une femme *tur*... — un livre *grec*, un historien *gr*... —le peuple *gr*... la nation *grecque*, une histoire *gr*... — un papillon *vif*, un écolier *v*... une femme *vive*, une lumière *v*... — l'homme *attentif*, l'enfant *attent*... la fille *attentive*, la sentinelle *attent*... — l'habit *neuf*, la robe *neuve*... le gilet *neu*... la maison *neu*... — il est *veuf*, elle est *veuve*. — le cri *plaintif*, la voix *plaintive*. — un *bref* délai, une syllabe

---

(1) Il existe encore d'autres nombres, comme la moit'é, le tiers, une douzaine, le double, le triple, le quadruple, le quintuple, le décuple, le centuple, etc. ; mais ce sont des substantifs et non des adjectifs.

(2) Quand l'élève est embarrassé pour trouver le nom que qualifie l'adjectif, faites-lui faire sur cet adjectif la question *qui est ce qui est ?* la réponse indiquera ce nom.

brève. — un lion *cruel*, un loup *cr...* une bête *cruelle* , une maladie *cr...* —un soin *maternel*, un courage *matern..* un souci *matern...* une bonté *matern...* la tendressse *matern...* — un profit *réel*, un progrès *ré...* une perte *ré...* une peine *ré...* un objet *nul...* une vente *nulle...* un *bel* oiseau... une *belle* fontaine... une *belle* femme... un *bel* arbre.. le *nouvel* an.. la *nouvelle* année.. un *fol* établissement.. une vierge *folle..* un *vieil* avare.. une *vieille* maison.. un *bon* fruit.. une *bonne* pomme.. un bœuf *gros..* *gras.. épais..* une vache *grasse.. grosse.. épaisse..* un *sot* discours.. une *sotte* vanité.. un combat *naval..* une bataille *navale..* un bien *national..* une propriété *nationale..* un discours *puéril.. civil..* une parole *puérile.. civile..* un cœur *vil..* une âme *vile..* un livre *espagnol..* la langue *espagnole..* un travail *facile.. difficile.. futile.. utile.. inutile..* un homme *tranquille.. imbécille..* une femme *tranquille.. imbécille..* un garçon *niais.. mauvais..* une fille *niaise.. mauvaise..* cette personne est *discrète..* et *inquiète..* une chose *secrète..* elle est *replète..* une personne vraiment *dévote* n'est ni *bigote* ni *cagote.*

(Faites écrire ensuite au pluriel tous les noms et tous les *adjectifs* de cet *exercice*)

DEGRÉS DE SIGNIFICATION.

D. *Combien les adjectifs ont-ils de degrés de signification pour qualifier les objets ?*

R. Les adjectifs ont trois degrés : le positif, le comparatif et le superlatif. (1)

D. *A quel degré est un adjectif quand il n'est pas précédé d'un de ces mots* plus, moins, aussi très, fort, bien ?

____

(1) Il n'y a que les adjectifs et quelques adverbes qui soient susceptibles de ces degrés.

R. Il est au positif, et il exprime simplement la qualité ; exemple : cet enfant est *sage*, *honnête*, *complaisant*.

D. *A quel degré est l'adjectif, s'il sert de comparaison entre deux choses ou deux personnes ?*

R. L'adjectif qui marque une comparaison est au comparatif ; quand on compare deux choses, on trouve que l'une est supérieure à l'autre, ou inférieure à l'autre, ou égale à l'autre.

D. *Il y a donc trois sortes de comparatifs ?*

R. Il y a trois comparatifs : le comparatif de *supériorité*, le comparatif d'*infériorité* et le comparatif d'*égalité*.

D. *Comment se forme le comparatif de supériorité ?*

R. Le comparatif de supériorité se forme en mettant *plus* devant l'adjectif, comme *la rose est* plus *belle que la violette.*

D. *Comment se forme le comparatif d'infériorité ?*

R. Le comparatif d'*infériorité* se forme en mettant *moins* devant l'adjectif, comme la *violette est* moins *belle que la rose.*

D. *Comment forme-t-on le comparatif d'égalité ?*

R. En mettant *aussi* devant l'adjectif, comme *la rose est* aussi *belle que la tulipe.*

D. *De quelle conjonction doivent être suivis les adverbes comparatifs* aussi *ou* autant *?*

R. Ils doivent être suivis de la conjonction *que*, et non de la conjonction *comme* ; ainsi ce serait une faute de dire : *il n'est pas aussi es-timé* comme *son frère.* Dites : *il n'est pas aussi estimé* que *son frère.*

D. *N'avons-nous pas trois adjectifs qui ex-priment une comparaison sans être précédé de plus, moins ?*

R. Nous avons trois *comparatifs* qui s'expriment en un seul mot : *meilleur*, au lieu de *plus bon*, qui ne se dit pas *moindre*, au lieu dé *plus petit*, et *pire*, au lieu de *plus mauvais : la vertu est* meilleure *que la science : le mensonge est* pire *que l'indocilité.*

D. *Que marque le superlatif, troisième degré de signification ?*

R. Il marque la qualité portée au plus haut degré. Il y a deux sortes de superlatifs, le superlatif *absolu* et le superlatif *relatif.*

D *Comment se forme le superlatif absolu ?*

R. Le superlatif absolu se forme en mettant *très, fort* ou *bien* devant l'adjectif ; *la science est* très-*utile ce livre est* fort *beau ; cet enfant est* bien *raisonnable.* (On emploie *bien* quand il y a admiration.)

D. *Comment se forme le superlatif relatif, qui marque un rapport à d'autres objets ?*

R. Il se forme en mettant devant le comparatif les articles *le, la, les,* ou un des pronoms possessifs de la première classe : *Paris est* la *plus belle des villes ;* mon *meilleur ami ;* votre *plus fidèle serviteur ;* nos *plus grands intérêts.* (1)

---

(1) Quelques adjectifs qui, par eux-mêmes, ont la force d 1

DU PRONOM.

D. *Qu'est-ce que le pronom ?*

R. Le *pronom* est un mot qui tient la place du nom. (1)

D. *Qu'est-ce que les pronoms personnels ?*

R. Les pronoms *personnels* sont ceux qui désignent les personnes. Il y a trois personnes : la première est celle qui parle, la seconde est celle à qui l'on parle, et la troisième est celle de qui l'on parle.

D. *Quels sont les pronoms qui marquent les trois personnes ?*

R. Les pronoms qui marquent la première personne sont *je*, *me*, *moi*, *nous*.

Les pronoms personnels qui marquent la seconde personne sont *tu*, *te*, *toi*, *vous*.

Ceux qui marquent la troisième personne sont *il*, *elle*, *ils*, *elles*, *lui*, *leur*, (2) *eux*, *le*, *la*, *les*, *se* et *soi*.

---

superlatif, tels que *extrême*, *excellent*, *infini*, ne peuvent pas être précédés des mots *plus*, *moins*, *aussi*, *si*, *très*, *fort*.

(1) Les pronoms ont été inventés pour éviter la répétition des noms. En supposant que notre langue n'eût pas de pronoms, et que nous eussions à exprimer cette idée : Pierre *étudiera sa leçon*, *et il la saura*, nous serions obligés, en répétant continuellement le même nom, de dire : Pierre étudiera la leçon de Pierre, et Pierre saura la leçon de Pierre. Ce seul exemple suffit pour montrer l'usage et l'utilité des pronoms.

(2) Le pronom personnel *leur* qui signifie *à eux*, *à elles*, est toujours placé devant un verbe, et il ne prend jamais d'*s*.

Par politesse on dit *vous* au lieu de *tu* ; par exemple, en parlant à une dame, dites : *vous* êtes bien aimable, pour *tu* es bien aimable. (1)

D. *N'y a-t-il pas encore deux autres mots qui servent de pronoms personnels ?*

R. Il y a encore deux mots qui servent de pronoms ; savoir : *en*, qui signifie de *lui*, d'*elle*, d'*eux*, d'*elles*, de *cela*. Exemple : *j'en parle*, c'est-à-dire, *je parle de* lui, d'elle.

Y, qui signifie *à cette chose*, *à ces choses*, *à cela*. Exemple : *je m'y applique*, c'est-à-dire, je m'applique *à cette chose* ou *ces choses*.

D. *Qu'est-ce que les pronoms possessifs ?*

R. Ce sont ceux qui marquent la possession des choses, comme le *mien*, le *tien*.

D. *Dites les pronoms* possessifs, *qui tiennent la place de noms exprimés auparavant ?*

R. Ce sont :

SINGULIER.		PLURIEL.	
Masculin.	*Féminin.*	*Masculin.*	*Féminin.*
Le mien.	La mienne.	Les miens.	Les miennes.
Le tien.	La tienne.	Les tiens.	Les tiennes.
Le sien.	La sienne.	Les siens.	Les siennes.
Le nôtre.	La nôtre.	Les nôtres	Les nôtres.
Le vôtre.	La vôtre.	Les vôtres	Les vôtres (1)
Le leur.	La leur.	Les leurs	Les leurs.

(1) *Vous*, employé pour *tu*, veut l'adjectif suivant au singulier. Ex : mon fils, vous serez *poli*.

(2) On ne met de circonflexe sur *nôtre*, *vôtre*, que quand ils sont précédés d'un article.

D. *Qu'est-ce que les pronoms démonstratifs?*

R. Les pronoms *démonstratifs* sont ceux qui servent à montrer les choses dont on parle.

D. *Dites les pronoms démonstratifs ?*

R. Ce sont :

Masculin.	*Féminin.*	*Masculin.*	*Féminin.*
Celui.	Celle.	Ceux.	Celles.
Celui-ci.	Celle-ci.	Ceux ci.	Celles-ci.
Celui-là.	Celle-là.	Ceux-là.	Celles-là.
Ceci , cela.			

D. *Comment s'emploient* celui-ci , celle-ci ?

R. *Celui-ci, celle-ci* s'emploient pour montrer des choses qui sont proches ; *celui-là , celle-là ,* pour montrer des choses éloignées.

D. *Qu'est-ce que les pronoms relatifs ?*

R. Les pronoms *relatifs* sont ceux qui ont rapport à un nom ou à un pronom qui est devant, et qu'on appelle *antécédent.* Quand je dis : *Dieu* qui *a créé le monde ; qui* se rapporte *à Dieu ; le livre* que *je lis ; que* se rapporte *à livre.*

D. *Quels sont , dans ces deux exemples , les antécédens des relatifs* qui *et* que ?

R. *Dieu* est l'antécédent du pronom relatif *qui; livre* est l'antécédent du relatif *que.*

D. *Dites-moi les pronoms relatifs ?*

R. Les pronoms *relatifs* sont *qui, que, quoi, lequel, laquelle, dont, duquel* etc.

D. *De quel genre et de quel nombre sont les relatifs* qui , que, *etc* ?

R. Ils sont du même genre et du même nombre que leur antécédent.

D. *Les pronoms* qui *,* que *,* quoi *,* lequel *, sont-ils toujours pronoms relatifs ?* (1)

R. Non ; ils sont quelquefois pronoms *interrogatifs* ; c'est quand ils servent à interroger ; comme qui êtes-vous ? que demandez-vous ?

D. *N'y a-t-il pas encore un autre moyen de distinguer si ces pronoms sont interrogatifs ?*

R. Oui ; on connaît encore que ces pronoms sont interrogatifs, quand ils n'ont point d'antécédent , et qu'on peut les tourner par *quelle personne* ou *quelle chose.*

D. *Comment nomme-t-on les pronoms qui tiennent le plus de personnes ou de choses non déterminées ?*

R. On les nomme pronoms *indéfinis* ; ils sont pour la plupart de véritables adjectifs.

D. *Combien* y *a-t-il de sortes de pronoms indéfinis ?*

R. Il y a quatre sortes de pronoms *indéfinis* ; 1° ceux qui ne se joignent jamais à un nom : *on, quelqu'un, quiconque, chacun, autrui, personne, rien.* Quand je dis : on *frappe à la porte,* quelqu'un *vous appelle* ; je parle d'une personne ; mais je ne désigne pas quelle elle est.

____

(1) Les pronoms *le, la, les, en ,* y ; *le mien, le tien, e sien, le nôtre, etc.* sont encore de véritables relatifs , puisqu'ils se rapportent toujours au nom qui les précède.

2° Ceux qui sont toujours joints à un nom, comme *quelque, chaque, quelconque, certain.* Exemple : *quelque* nouvelle, *certain* auteur.

3° Ceux qui sont tantôt joints à un nom, et tantôt seuls, comme *nul, aucun, l'un, l'autre, même, tel, plusieurs, tout.*

4° Ceux qui sont suivis de *que*, comme *qui que ce soit, quoi que ce soit, quelque... que ; quel.. que... que.*

EXERCICE PRATIQUE SUR LES PRONOMS
EN GÉNÉRAL ET SUR LES ADJECTIFS POS-
SESSIFS ET DÉMONSTRATIFS.

Écrivez : Vos enfans, *ils se* conduisent bien... *cette* femme me plaît, *elle* est vertueuse.. je hais vos manières ; *elles* sont cruelles.. *ce* livre *se* vend à Paris... *chacun* a ses défauts... *ces* tableaux que vous me montrez *se* gâteront... j'ai *ce* que je souhaitais.. *ce* dont je me loue.. *ce* qui me convient.. *ce* jeune homme emploie bien tous *ses* momens.. les grands ont *leurs* peines et *leurs* chagrins, ne *leur* portons point envie.. *ce* fleuve *se* jette dans la mer.. nous *leur* avons demandé *leur* argent.. *cet* arbre.. *ces* femmes-ci se disent des injures, *ce* sont des mégères, *elles se* sont battues hier.. *ce* sont vos élèves qui *se* sont distingués.. *cette* robe.. *quelle* table ! *quel* jardin ! *quelles* sont *ces* demoiselles qui passent ? *quelle* est votre erreur ? *lequel* est votre frère ? *lesquels* sont vos frères ? de *laquelle* êtes-vous mécontent ? *notre* maison est plus grande que la *vôtre*.. *votre* plume est meilleure que les *nôtres*.

LE VERBE.

D. *Qu'est-ce que le verbe ?*

R. *Le verbe* est un mot qui exprime que l'on est ou que l'on fait quelque chose. Ainsi, le mot *être*, *je suis*, est un verbe ; le mot *lire*, *je lis*, est un verbe.

D. *Comment connaît-on un verbe en Français ?*

R. On connaît un verbe quand on peut y ajouter les pronoms *je*, *tu*, *il*, *nous*, *vous*, *ils*; comme *je lis*, *tu lis*, *il lit*, etc.

D. *Quels sont les pronoms qui marquent chacune des trois personnes ?*

R. Les pronoms *je* et *nous* marquent la 1re personne ; *tu* et *vous* marquent la 2e personne ; *il*, *elle*, *ils*, *elles*, et tout nom placé devant un verbe, marquent la 3e personne. (1)

D. *Combien y a-t-il de nombres dans les verbes ?*

R. Il y a dans les verbes deux nombres : le *singulier*, quand on ne parle que d'une seule personne, comme *je lis*, *l'enfant dort ;*

____

(1) A quelle personne est : je bois.. nous buvons.. tu dors.. elle écoutera.. cet homme parle.. ils liront.. mes enfants prient... etc. ? Pourquoi ce verbe est-il à *telle* personne.

et le *pluriel*, quand on parle de plusieurs personnes, comme *nous lisons les enfans dorment*.

D. *Combien y a-t-il de temps ?*

R. Il y a trois temps, le *présent*, le *passé* et l'*avenir*. *Le présent* marque qu'une chose se fait actuellement, comme je *lis* : le *passé* ou *parfait* ou *prétérit* marque que la chose a été faite, comme *j'ai lu*, et l'*avenir ou futur* marque que la chose sera ou se fera, comme je *lirai*.

D. *Ne distingue-t-on pas plusieurs manières de parler au passé ?*

R. On distingue cinq *prétérits* ou cinq manières de s'énoncer au passé, savoir : un *imparfait*, trois *parfait* et un *plusque-parfait*.

D. *Combien distingue-t-on de façons de parler à l'avenir ?*

R. On distingue deux futurs : le futur *simple* et le futur *composé*.

D. *Combien y a-t-il de modes ou de manières de signifier dans les verbes ?*

R. Il y a cinq modes, savoir :

1° L'*indicatif*, quand on affirme que la chose est, qu'elle a été ou qu'elle sera.

2° Le *conditonnel*, quand on dit qu'une chose serait, ou qu'elle aurait été moyennant une condition.

3° L'*impératif*, quand on commande de la faire.

4° Le *subjonctif*, qui s'emploie après un souhait, un doute, une crainte.

5° *L'infinitif*, qui exprime l'action ou l'état en général, sans nombre ni personne, comme *lire*, *être*.

D. *Qu'est-ce que conjuguer un verbe?*

R. C'est en réciter de suite les différens modes avec tous leurs temps, leurs nombres et leurs personnes.

D. *Combien y à t-il de conjugaisons?*

R. Il y a quatre conjugaisons que l'on connaît par la terminaison de l'infinitif.

La 1ʳᵉ conjugaison a l'infinitif terminé en *er*, comme *aimer*.

La 2ᵉ conjugaison a l'infinitif terminé en *ir*, comme *finir*.

La 3ᵉ conjugaison a l'infinitif en *oir* comme *recevoir*.

La 4ᵉ conjugaison a l'infinitif en *re* comme *rendre*. (1)

D. *Combien y a-t-il de verbes auxiliaires?*

R Il y a deux verbes auxiliaires, *avoir* et *être*. On les appelle *auxiliaires*, parce qu'ils aident à conjuguer tous les autres verbes.

---

(1) De quelle conjugaison est *donner*, *prendre*, *punir*, *tenir*, *voir*, *sentir*, *jouer*, *dire*, etc.?

VERBE AUXILIAIRE Avoir.

MODE INDICATIF
Indiquant que la chose est,
qu'elle a été ou qu'elle sera.

PRÉSENT.
(A présent)
Singulier. J'ai ,
　　　　　Tu as ,
　　　　　Il *ou* elle a ,
Pluriel.　Nous avons ,
　　　　　Vous avez ,
　　　　　Ils *ou* elles ont.

IMPARFAIT.
(Lorsque tu es venu)
J'avais ,
Tu avais ,
Il *ou* elle avait ,
Nous avions ,
Vous aviez ,
Ils *ou* elles avaient.

PASSÉ DÉFINI. (1)
(L'année dernière)
J'eus ,
Tu eus ,
Il *ou* elle eut ,
Nous eûmes ,
Vous eûtes ,
Ils *ou* elles eurent.

PASSÉ INDÉFINI.
(Ce matin)
J'ai eu ,
Tu as eu ,
Il *ou* elle a eu ,
Nous avons eu,
Vous avez eu ,
Ils *ou* elles ont eu.

PASSÉ ANTÉRIEUR.
(Aussitôt que)
J'eus eu ,
Tu eus eu,
Il *ou* elle eut eu,
Nous eûmes eu ,
Vous eûtes eu ,
Ils *ou* elles eurent eu.

PLUSQUE–PARFAIT.
(Quand il est arrivé)
J'avais eu,
Tu avais eu ,
Il *ou* elle avait eu ,
Nous avions eu ,
Vous aviez eu ,
Ils *ou* elles avaient eu.

---

(1) On appelle passé *défini,* celui qui marque un temps entièrement passé ; exemple : *j'eus hier la fièvre.* On appelle passé *indéfini,* celui qui marque un temps dont il peut rester encore quelque partie à s'écouler ; exemple : *j'ai eu la fièvre aujourd'hui.* On appelle passé *antérieur,* celui qui marque une chose faite avant une autre ; exemple : *dès que nous eûmes vu la fête, nous partîmes.*

FUTUR SIMPLE.
(Demain)

J'aurai,
Tu auras,
Il *ou* elle aura,
Nous aurons,
Vous aurez,
Ils *ou* elles auront.

FUTUR COMPOSÉ.
(On fera ce travail quand)

J'aurai eu,
Tu auras eu,
Il *ou* elle aura eu,
Nous aurons eu,
Vous aurez eu,
Ils *ou* elles auront eu.

MODE CONDITIONNEL
Indiquant que la chose serait ou qu'elle aurait été.

PRÉSENT.
(Si tu voulais)

J'aurais,
Tu aurais,
Il *ou* elle aurait,
Nous aurions,
Vous auriez,
Ils *ou* elles auraient.

PASSÉ.
(Si tu avais voulu)

J'aurais eu,
Tu aurais eu,
Il *ou* elle aurait eu,
Nous aurions eu,
Vous auriez eu,
Ils *ou* elles auraient eu,

On dit aussi : *j'eusse eu,
tu eusses eu, il ou elle eût*

eu, *nous eussions eu, vous
eussiez eu*, ils ou *elles
eussent eu.*

MODE IMPÉRATIF
par lequel on commande.

Aie,
Qu'il *ou* qu'elle ait,
Ayons,
Ayez,
Qu'ils *ou* qu'elles aient.

MODE SUBJONCTIF
par lequel on souhaite.

PRÉSENT OU FUTUR.
(Il faut)

Que j'aie,
Que tu aies,
Qu'il *ou* qu'elle ait,
Que nous ayons,
Que vous ayez,
Qu'ils *ou* qu'elles aient.

IMPARFAIT.
(Il fallait)

Que j'eusse,
Que tu eusses,
Qu'il *ou* qu'elle eût,
Que nous eussions,
Que vous eussiez,
Quils *ou* qu'elles eussent.

PASSÉ.
(Il a fallu)

Que j'aie eu,
Que tu aies eu,
Qu'il *ou* qu'elle ait eu,
Que nous ayons eu,
Que vous ayez eu,
Quils *ou* qu'elles aient eu

PLUSQUE-PARFAIT.

(aurait fallu)

Que j'eusse eu,
Que tu eusses eu,
Qu'il *ou* qu'elle eût eu,
Que nous eussions eu,
Que vous eussiez eu,
Qu'ils *ou* qu'elles eussent eu.

MODE INFINITIF
qui n'a ni nombre ni personne.
PRÉSENT.

(Je dois)
Avoir.
PASSÉ.
Avoir eu.

Participe présent : Ayant.
Participe passé : Eu.
Partic. futur : Devant avoir.

Verbe auxiliaire ÊTRE.

MODE INDICATIF

*Indiquant que la chose est,
qu'elle a été ou qu'elle sera.*

PRÉSENT.
(A présent)

Je suis,
Tu es,
Il *ou* elle est,
Nous sommes,
Vous êtes,
Ils *ou* elles sont.

IMPARFAIT.
(Lors que tu es venu)
J'étais,
Tu étais,
Il *ou* elle était,
Nous étions,
Vous étiez,
Ils *ou* elles étaient.

PASSÉ DÉFINI.
(L'année dernière)
Je fus,
Tu fus,
Il *ou* elle fut,
Nous fûmes,
Vous fûtes,
Ils *ou* elles furent.

PASSÉ INDÉFINI,
(Ce matin)

J'ai été,
Tu as été,
Il *ou* elle a été,
Nous avons été,
Vous avez été,
Ils *ou* elles ont été.

PASSÉ ANTÉRIEUR.
(Aussitôt que)

J'eus été,
Tu eus été,
Il *ou* elle eut été,
Nous eûmes été,
Vous eûtes été,
Ils *ou* elles eurent été.

PLUSQUE-PARFAIT.
(Quand il est arrivé)

J'avais été,
Tu avais été,
Il *ou* elle avait été,
Nous avions été,
Vous aviez été,
Ils *ou* elles avaient été.

FUTUR SIMPLE.

(Demain)

Je serai,
Tu seras,
Il *ou* elle sera,
Nous serons,
Vous serez,
Ils *ou* elles seront.

FUTUR COMPOSÉ.

(On fera ce travail quand)
J'aurai été,
Tu auras été,
Il *ou* elle aura été,
Nous aurons été,
Vous aurez été,
Ils *ou* elles auront été.

MODE CONDITIONNEL.

*Indiquant que la chose serait
ou qu'elle aurait été.*

PRÉSENT.

(Si tu voulais)

Je serais,
Tu serais,
Il *ou* elle serait,
Nous serions,
Vous seriez,
Ils *ou* elles seraient.

PASSÉ.

(Si tu avais voulu)
J'aurais été,
Tu aurais été,
Il *ou* elle aurait été,
Nous aurions été,
Vous auriez été,
Ils *ou* elles auraient été.

Ou dit aussi : *j'eusse été, tu
eusses été, il* ou *elle eût été,
nous eussions été, vous eussiez
été, ils* ou *elles eussent été.*

MODE IMPÉRATIF

Par lequel on commande.

Sois,
Qu'il *ou* qu'elle soit,
Soyons,
Soyez,
Qu'ils *ou* qu'elle soient.

MODE SUBJONCTIF

Par lequel on souhaite.

PRÉSENT OU FUTUR.

(Il faut)

Que je sois,
Que tu sois,
Qu'il *ou* qu'elle soit,
Que nous soyons,
Que vous soyez,
Qu'ils *ou* qu'elles soient.

IMPARFAIT.

(Il fallait)

Que je fusse,
Que tu fusses,
Qu'il *ou* qu'elle fût,
Que nous fussions,
Que vous fussiez,
Qu'ils *ou* qu'elles fussent,

PASSÉ.

(Il a fallu)
Que j'aie été,
Que tu aies été,
Qu'il *ou* qu'elle ait été,
Que nous ayons été,
Que vous ayez été,
Qu'ils *ou* qu'elles aient été.

PLUSQUE-PARFAIT.

(Il aurait fallu)

Que j'eusse été,
Que tu eusses été,
Qu'il *ou* qu'elle eût été,
Que nous eussions été,
Que vous eussiez été,
Qu'ils *ou* qu'elles eussent été.

MODE INFINITIF

qui n'a ni nombre ni personne.

PRÉSENT.

(Je dois)

Être.

PASSÉ.

Avoir été.

PARTICIPE *présent* : Étant.
PATICIPE *passé* : Été.
PARTIC. *futur* : Devant être.

PREMIÈRE CONJUGAISON.

En ER.

MODE INDICATIF

Indiquant que la chose est; qu'elle a été ou qu'elle sera.

PRÉSENT.

(A présent)

Je chante,
Tu chantes,
Il *ou* elle chante,
Nous chantons,
Vous chantez,
Ils *ou* elles chantent.

IMPARFAIT.

(Lorsque tu es venu)

Je chantais,
Tu chantais,
Il chantait,
Nous chantions,
Vous chantiez,
Ils chantaient.

PASSÉ DÉFINI.

(L'année dernière)

Je chantai,
Tu chantas,
Il chanta,
Nous chantâmes,

Vous chantâtes,
Ils chantèrent.

PASSÉ INDÉFINI.

(Ce matin)

J'ai chanté,
Tu as chanté,
Il a chanté,
Nous avons chanté,
Vous avez chanté,
Ils ont chanté.

PASSÉ ANTÉRIEUR.

(Aussitôt que)

J'eus chanté,
Tu eus chanté,
Il eût chanté,
Nous eûmes chanté,
Vous eûtes chanté,
Ils eurent chanté. (1)

---

(1) Il y a un quatrième passé dont on se sert rarement; le voici:
J'ai eu chanté, Tu as eu chanté,
Il a eu chanté,
Nous avons eu chanté,
Vous avez eu chanté,
Ils ont eu chanté.

PLUSQUE-PARFAIT.

(Quand il est arrivé)

J'avais chanté,
Tu avais chanté,
Il avait chanté,
Nous avions chanté,
Vous aviez chanté,
Ils avaient chanté.

FUTUR SIMPLE.

(Demain)

Je chanter*ai*,
Tu chanter*as*,
Il chanter*a*,
Nous chanter*ons*,
Vous chanter*ez*,
Ils chanter*ont*.

FUTUR COMPOSÉ.

(On fera ce travail quand)

J'aurai chanté,
Tu auras chanté,
Il aura chanté,
Nous aurons chanté,
Vous aurez chanté,
Ils auront chanté.

MODE CONDITIONNEL
Indiquant que la chose serait ou qu'elle aurait été.

PRÉSENT.

(Si tu voulais)

Je chanter*ais*,
Tu chanter*ais*,
Il chanter*ait*,
Nous chanter*ions*,
Vous chanter*iez*,
Ils chanter*aient*.

PASSÉ.

(Si tu avais voulu)

J'aurais chanté,
Tu aurais chanté,
Il aurait chanté,
Nous aurions chanté,
Vous auriez chanté,
Ils auraient chanté,

On dit aussi :

J'eusse chanté,
Tu eusses chanté,
Il eût chanté,
Nous eussions chanté,
Vous eussiez chanté,
Ils eussent chanté.

MODE IMPÉRATIF
par lequel on commande.

Chant*e*,
Qu'il chant*e*,
Chant*ons*,
Chant*ez*,
Qu'ils chant*ent*.

MODE SUBJONCTIF
par lequel on souhaite,
PRÉSENT OU FUTUR.

(Il faut)

Que je chant*e*,
Que tu chant*es*,
Qu'il chant*e*,
Que nous chant*ions*,
Que vous chant*iez*,
Qu'ils chant*ent*.

IMPARFAIT.

(Il fallait)

Que je chant*asse*,
Que tu chant*asses*,
Qu'il chant*ât*,
Que nous chant*assions*
Que vous chant*assiez*
Qu'ils chant*assent*.

PASSÉ

(Il a fallu)

Que j'aie chanté,
Que tu aies chanté,
Qu'il ait chanté,
Que nous ayons chanté,
Que vous ayez chanté,
Qu'ils aient chanté.

PLUSQUE-PARFAIT.

(Il aurait fallu)

Que j'eusse chanté,
Que tu eusses chanté,
Qu'il eût chanté,
Que nous eussions chanté,
Que vous eussiez chanté,
Qu'ils eussent chanté.

MODE INFINITIF

qui n'a ni nombre ni personne.

PRÉSENT.

(Je dois) { Chanter.
PASSÉ
Avoir chanté.

PARTICIPE PRÉSENT.

Chantant.|

PARTICIPE PASSÉ.

Chanté.

PARTICIPE FUTUR.

Devant chanter.

Conjuguer de même *aimer, donner, ordonner, commander, porter, calculer, frapper, sauter, marquer, causer, porter, nommer, sonner, tourner, souper,* etc.

SECONDE CONJUGAISON.

En IR.

MODE INDICATIF

Indiquant que la chose est, qu'lle a été ou qu'elle sera.

PRÉSENT.

(A présent)

Je finis,
Tu finis,
Il *ou* elle finit,
Nous finissons,
Vous finissez,
Ils *ou* elles finissent,

IMPARFAIT.

(Lorsque tu es venu)

Je finissais,
Tu finissais,
Il finissait,
Nous finissions,
Vous finissiez,
Ils finissaient.

PASSÉ DÉFINI.

(L'année dernière)

Je finis,
Tu finis,
Il finit,
Nous finîmes,
Vous finîtes,
Ils finirent.

PASSÉ INDÉFINI.

(Ce matin)
J'ai fini,
Tu as fini,
Il a fini,
Nous avons fini,
Vous avez, fini,
Ils ont fini.

PASSÉ ANTÉRIEUR.

(Aussitôt que)
J'eus fini,
Tu eus fini,
Il eut fini,
Nous eûmes fini,
Vous eûtes fini,
Ils eurent fini. (1)

PLUSQUE-PARFAIT.

(Quand il est arrivé)
J'avais fini,
Tu avais fini,
Il avait fini,
Nous avions fini,
Vous aviez fini,
Ils avaient fini.

FUTUR SIMPLE.

(Demain)
Je finir*ai*,
Tu finir*as*,
Il finir*a*,
Nous finir*ons*,
Vous finir*ez*,
I's finir*ont*.

(1) Il y a un quatrième passé dont on se sert rarement; le voici :
J'ai eu fini,
Tu as eu fini,
Il a eu fini,
Nous avons eu fini,
Vous avez eu fini,
Ils ont eu fini.

FUTUR COMPOSÉ.

(On fera ce travail quand)
J'aurai fini,
Tu auras fini,
Il aura fini,
Nous aurons fini,
Vous aurez fini,
Ils auront fini.

MODE CONDITIONNEL

Indiquant que la chose serait *ou qu'elle aurait été.*

PRÉSENT.

(Si tu voulais)

Je finir*ais*,
Tu finir*ais*,
Il finir*ait*,
Nous finir*ions*,
Vous finir*iez*,
Ils finir*aient*,

PASSÉ.

(Si tu avais voulu)

J'aurais fini,
Tu aurais fini,
Il aurait fini,
Nous aurions fini,
Vous auriez fini,
Ils auraient fini,

On dit aussi :

J'eusse fini,
Tu eusses fini,
Il eût fini,
Nous eussions fini,
Vous eussiez fini,
Ils eussent fini.

MODE IMPÉRATIF

par lequel on commande.

Finis,
Qu'il finisse,
Finisssons,
Finissez,
Qu'ils finissent,

MODE SUBJONCTIF

par lequel on souhaite.

PRÉSENT OU FUTUR.

(Il faut)

Que je finisse,
Que tu finisses,
Qu'il finisse,
Que nous finissions,
Que vous finissiez,
Qu'ils finissent.

IMPARFAIT.

(Il fallait)

Que je finisse,
Que tu finisses,
Qu'il finit,
Que nous finissions,
Que vous finissiz,
Qu'ils finissent.

PASSÉ.

(Il a fallu)

Que j'aie fini,
Que tu aies fini,
Qu'il ait fini,
Que nous ayons fini,
Que vous ayez fini,
Qu'ils aient fini.

PLUSQUE-PARFAIT.

(Il aurait fallu)

Que j'eusse fini,
Que tu eusses fini,
Qu'il eût fini,
Que nous eussions fini,
Que vous eussiez fini,
Qu'ils eussent fini.

MODE INFINITIF

qni n'a ni nombre ni personne.

PRÉSENT.
Finir.

(Je dois) {
PASSÉ.
Avoir fini.

PARTICIPE PRÉSENT.
Finissant.

PARTICIPE PASSÉ.
Fini.

PARTICIPE FUTUR.
Devant finir.

Ainsi se conjuguent *guérir*, *punir*, *fournir*, *nourrir*, *as ertir*, *divertir*, *blanchir*, *ensevelir*, *bâtir*, *remplir*, *établir*, *saisir*, etc.

Défaut à éviter en conjuguant ou en analysant.

Souvent les élèves ne désignent le présent de l'indicatif et le présent du subjonctif que par cette expression : *Indicatif*, *Subjonctif*; confondant ainsi le mode avec un de ses temps. Les mauvais effets de cet abus se font sentir plus tard, notamment au chapitre : *Emploi des temps et des modes.*

TROISIÈME CONJUGAISON.
En OIR.

MODE INDICATIF
*Indiquant que la chose est,
qu'elle a été ou qu'elle sera.*

PRÉSENT.
(A présent)

Je reçois,
Tu reçois,
Il *ou* elle reçoit,
Nous recevons,
Vous recevez,
Ils *ou* elles reçoivent.

IMPARFAIT.
(Lorsque tu es venu)

Je recevais,
Tu recevais,
Il recevait,
Nous recevions,
Vous receviez,
Ils recevaient.

PASSÉ DÉFINI.
(L'année dernière)

Je reçus,
Tu reçus,
Il reçut,
Nous reçûmes,
Vous reçûtes,
Ils reçurent.

PASSÉ INDÉFINI.
(Ce matin)

J'ai reçu,
Tu as reçu,
Il a reçu,
Nous avons reçu,
Vous avez reçu,
Ils ont reçu.

PASSÉ ANTÉRIEUR.
(Aussitôt que)

J'eus reçu,
Tu eus reçu,
Il eut reçu,
Nous eûmes reçu,
Vous eûtes reçu,
Ils eurent reçu.

PLUSQUE-PARFAIT.
(Quand il est arrivé)

J'avais reçu,
Tu avais reçu,
Il avait reçu,
Nous avions reçu,
Vous aviez reçu,
Ils avaient reçu.

FUTUR SIMPLE.
(Demain)

Je recevrai,
Tu recevras,
Il recevra,
Nous recevrons,
Vous recevrez,
Ils recevront,

FUTUR COMPOSÉ.
(On fera ce travail quand)

J'aurai reçu,
Tu auras reçu,
Il aura reçu,
Nous aurons reçu,
Vous aurez reçu,
Ils auront reçu.

MODE CONDITIONNEL

*Indiquant que la chóse serait
ou qu'elle aurait été.*

PRÉSENT.

(Si tu avais voulu)

Je recev*rais*,
Tu recev*rais*,
Il recev*rait*,
Nous recev*rions*,
Vous recev*riez*,
Ils recev*raient*.

PASSÉ.

(Si tu avais voulu)

J'aurais reçu,
Tu aurais reçu,
Il aurait reçu,
Nous aurions reçu,
Vous auriez reçu,
Ils auraient reçu.

On dit aussi :

J'eusse reçu,
Tu eusses reçu,
Il eût reçu,
Nous eussions reçu,
Vous eussiez reçu,
Ils eussent reçu.

MODE IMPÉRATIF

par lequel on commande.

Reçois,
Qu'il reçoive,
Recevons,
Recevez,
Qu'ils reçoivent.

MODE SUBJONCTIF

par lequel on souhaite.

PRÉSENT OU FUTUR.

(Il faut)

Que je reçoive,
Que tu reçoives,
Qu'il reçoive,
Que nous recevions,
Que vous receviez,
Qu'ils reçoivent.

IMPARFAIT.

(Il fallait)

Que je reçusse,
Que tu reçusses,
Qu'il reçût,
Que nous reçussions,
Que vous reçussiez,
Qu'ils reçussent.

PASSÉ.

(Il a fallu)

Que j'aie reçu,
Que tu aies reçu,
Qu'il ait reçu,
Que nous ayons reçu,
Que vous ayez reçu,
Qu'ils aient reçu.

PLUSQUE-PARFAIT.

(Il aurait fallu)

Que j'eusse reçu,
Que tu eusses reçu,
Qu'il eût reçu,
Que nous eussions reçu,
Que vous eussiez reçu,
Qu'ils eussent reçu.

MODE INFINITIF *qui n'a ni nombre ni personne.*	PARTICIPE PRÉSENT. Recevant.
PRÉSENT. (Je dois.) { Recevoir. **PASSÉ.** Avoir reçu.	**PARTICIPE PASSÉ.** Reçu. **PARTICIPE FUTUR.** Devant recevoir.

Ainsi se conjuguent *apercevoir*, *percevoir*, *décevoir*, *devoir*.

QUATRIÈME CONJUGAISON.
En RE.

MODE INDICATIF	PASSÉ INDÉFINI.
Indiquant que la chose est, *qu'elle a été ou qu'elle sera.*	(L'année dernière)

MODE INDICATIF — *Indiquant que la chose est, qu'elle a été ou qu'elle sera.*

PRÉSENT.

(A préesnt)

Je rend*s*,
Tu rend*s*,
Il *ou* elle rend,
Nous rend*ons*,
Vous rend*ez*,
Ils *ou* elles rend*ent*.

IMPARFAIT.

(Lorsque tu es venu)

Je rend*ais*,
Tu rend*ais*,
Il rend*ait*,
Nous rend*ions*,
Vous rend*iez*,
Ils rend*aient*.

PASSÉ INDÉFINI.

(L'année dernière)

Je rend*is*,
Tu rend*is*,
Il rend*it*,
Nous rend*îmes*,
Vous rend*îtes*,
Ils rend*irent*,

PASSÉ DÉFINI.

(Ce matin)

J'ai rendu,
Tu as rendu,
Il a rendu,
Nous avons rendu,
Vous avez rendu,
Ils ont rendu.

PASSÉ ANTÉRIEUR.

(Aussitôt que)

J'eus rendu,
Tu eus rendu,
Il eut rendu,
Nous eûmes rendu,
Vous eûtes rendu,
Ils eurent rendu,

PLUSQUE-PARFAIT.

(Quand il est arrivé)
J'avais rendu,
Tu avais rendu,
Il avait rendu,
Nous avions rendu,
Vous aviez rendu,
Ils avaient rendu.

FUTUR SIMPLE.

(Demain)
Je rend*rai*,
Tu rend*ras*,
Il rend*ra*,
Nous rend*rons*,
Vous rend*rez*,
Ils rend*ront*.

FUTUR COMPOSÉ.

(On fera ce travail quand)
J'aurai rendu,
Tu auras rendu,
Il aura rendu,
Nous aurons rendu,
Vous aurez rendu,
Ils auront rendu.

MODE CONDITIONNEL

*Indiquant que la chose serait
ou qu'elle aurait été.*

PRÉSENT.

(Si tu voulais)
Je rend*rais*,
Tu rend*rais*,
Il rend*rait*,
Nous rend*rions*,
Vous rend*riez*,
Ils rend*raient*.

PASSÉ.

(Si tu avais voulu)
J'aurais rendu,
Tu aurais rendu,
Il aurait rendu,
Nous aurions rendu,
Vous auriez rendu,
Ils auraient rendu.

On dit aussi :

*J'eusse rendu,
Tu eusses rendu,
Il eût rendu,
Nous eussions rendu,
Vous eussiez rendu,
Ils eussent rendu.*

MODE IMPÉRATIF

par lequel on commande.

Rend*s*,
Qu'il rend*e*,
Rend*ons*,
Rend*ez*,
Qu'ils rend*ent*.

MODE SUBJONCTIF

par lequel on souhaite.

PRÉSENT OU FUTUR.

(Il faut)
Que je rend*e*,
Que tu rend*es*,
Qu'il rend*e*,
Que nous rend*ions*,
Que vous rend*iez*,
Qu'ils rend*ent*.

IMPARFAIT.

(Il fallait)

Que je rend*isse*,
Que tu rend*isses*,
Qu'il rend*ît*,
Que nous rend*issions*,
Que vous rend*issiez*,
Qu'ils rend*issent*.

PASSÉ.

(Il a fallu)

Que j'aie rendu,
Que tu aies rendu,
Qu'il ait rendu,
Que nous ayons rendu,
Que vous ayez rendu,
Qu'ils aient rendu.

PLUSQUE-PARFAIT.

(Il aurait fallu)

Que j'eusse rendu,
Que tu eussés rendu,

Qu'il eût rendu,
Que nous eussions rendu;
Que vous eussiez rendu,
Qu'ils eussent rendu.

MODE INFINITIF

qui n'a ni nombre ni personne.

PRÉSENT.

(Je dois) { Rendre.

PASSÉ.

Avoir rendu.

PARTICIPE PRÉSENT.

Rendant.

PARTICIPE PASSÉ.

Rendu.

PARTICIPE FUTUR.

Devant rendre.

Conjuguez de même *répandre*, *attendre*, *défendre*, *dépendre*, *détendre*, *entendre*, *étendre*, *épandre*, *fendre*, *vendre*, *confondre*, *répondre*, *tondre*, *perdre*, etc.

MÉTHODE PRATIQUE

POUR L'ENSEIGNEMENT DES CONJUGAISONS.

Lorsque les élèves sont capables de répéter de suite tous les temps d'un verbe, d'après l'ordre où ils se trouvent placés dans les conjugaisons, on les fortifie par de petites questions sur chaque temps particulier.

EXEMPLES :

Quel est le futur de *tel* verbe ? l'impératif ? le participe présent ? l'imparfait du subjonctif ? etc.

A cet exercice on en fait succéder un autre dans le genre de celui-ci :

A QUEL TEMPS EST ?

J'ai lu ?... je donnai ?... je soupai ?... que je crusse ?... devoir ?.,. parlant ?... *etc.*

Pour rendre les élèves *familiers* avec la finale de chaque personne, faites-leur conjuguer, à tous les temps et à toutes les personnes, un verbe suivi d'un mot qui commence par une voyelle ou une *h* muette. Exemples. : *conjuguez :* j'ai un livre.. je suis heureux.. j'écris une lettre.. je chante un cantique.. je veux étudier.. je lis une histoire..

(*Faites scrupuleusement sonner les consonnes finales sur la voyelle suivante.*)

Il importe aussi de faire épeler de vive voix toutes les personnes de chaque temps, et de faire écrire sur le papier bon nombre de verbes, choisis d'abord parmi les plus faciles de ceux qui sont au bas de chaque conjugaison.

On évitera d'abord l'emploi des verbes irréguliers et de tous ceux qui présentent des difficultés. On ne doit jamais s'arrêter aux *exceptions* avant que l'élève ne soit devenu fort sur les règles générales. Cette observation s'applique à l'enseignement de toutes les parties de la grammaire.

REMARQUES SUR QUELQUES VERBES DE LA PREMIÈRE CONJUGAISON.

D. *Que remarquez-vous sur les verbes dont l'infinitif est terminé en* ger *comme* gager ?

R. Dans les verbes en *ger*, le g doit être suivi d'un *e* muet dans les temps où il y a un *a* ou un *o*, comme *je mangeai, nous mangeons*.

D. *Les verbes en* eler *, comme* appeler *, ne prennent-ils pas quelquefois deux* l; *et les verbes en* eter *, comme* jeter *, n'ont-ils pas quelquefois deux* t ?

D. Les verbes en *eler* et en *eter* n'ont deux l ou deux t que devant un *e* muet. (1)

___

(1) *Écrivez:* j'appelle.. nous appelons.. j'ai harcelé.. j'attellerai.. que je ficelle.. que je chancelasse.. je cachette.. je cachetterai.. je jetais.. il a jeté.. nous projetterions.

D. *Les verbes en* enir*, comme* venir*, aussi bien que* prendre *et ses composés, n'ont-ils jamais qu'une seule* n ?

R. Ils doivent avoir deux *n* dans les personnes où l'*n* est suivie d'un *e* muet. (1)

D. *Doit-on écrire la première et la deuxième personne du pluriel de l'imparfait de l'indicatif comme les mêmes personnes du présent ?*

R. Non, les deux premières personnes plurielles de l'imparfait de l'indicatif ont toujours un *i* de plus que les autres personnes du présent. (2)

D. *Donnez des exemples de ces deux personnes pour le présent et pour l'imparfait ?*

R. *A présent* nous crions, nous rions, nous voyons, vous priez, vous croyez, vous riez ; mais *autrefois* nous ne criions pas, nous ne riions pas, nous ne voyions pas, vous ne priiez pas, vous ne croyiez pas, vous ne riiez pas.

REMARQUES SUR LES VERBES *bénir, haïr* ET *fleurir.*

D. *Combien le verbe* bénir *a-t-il de participes passés ?*

R. Deux : *bénit, bénite; béni, bénie.*

D. *Quand doit-on écrire* bénit*,* bénite ?

Geler, *celer*, et leurs composés, n'ont jamais qu'une *l; acheter* ne prend jamais qu'un *t.*

(1) *Écrivez :* ils tiennent.. nous tenons.. que je vienne.. vous venez.. nous prenoms.. ils prennent.

Quelques grammairiens modernes écrivent : *j'appèle,* je *jète,* ils *tiènent,* que je *prène,* que tu *viènes,* sans doubler les consonnes *t, l, n.* Pour conserver l'euphonie ils substituent un accent grave à la double consonne.

(2) Même observation pour la 1re et la 2e personne du présent du subjonctif.

R. C'est quand il est question des choses *bénites* par les prêtres, comme du *pain bénit*, de *l'eau bénite*; un *cierge bénit*, une *chandelle bénite*.

D. *Dans quelle circonstance écrit-on* béni, bénie ?

R. C'est lorsqu'il n'est point question d'une bénédiction donnée par un prêtre, dans ses fonctions sacerdotales. Exemples :

Dieu vous a béni *parce que vous avez toujours été bon fils ; vous êtes* bénie *entre toutes les femmes : les nations seront* bénies *en vous.*

D. *Le verbe* haïr *est-il de plusieus syllabes dans tous les temps ?*

R. Oui, excepté dans *je hais*, *tu hais*, *il hait*, et dans la seconde personne singulière de l'impératif *hais*; on prononce comme s'il y avait *je hès*.

D. *Qu'avez-vous à remarquer sur l'imparfait de l'indicatif et sur le participe présent du verbe* fleurir ?

R. En parlant de la prospérité des empires, des arts et des sciences, on dit *florissant florissait*. Exemples : *cet empire était* florissant ; *les lettres et le commerce* florissaient *en France*.

DES TEMPS DES VERBES.

D. *Qu'est-ce que les temps primitifs d'un verbe ?*

R. Ce sont ceux qui servent à former les autres temps, et qui ne sont formés d'aucun autre.

D. *Combien y a-t-il de temps primitifs ?*

R. Il y en a cinq, qui sont : le *présent de l'infinitif*, le *participe présent*, le *participe passé*, le *présent de l'indicatif*, et le *passé défini*.

(Ci-contre le tableau.)

TABLEAU DES TEMPS PRIMITIFS.

	Présent de l'infinitif.	Participe présent.	Participe passé.	Présent de l'indicatif.	Passé défini.
1ʳᵉ CONJUGAISON.	Chanter.	Chantant.	Chanté.	Je chante.	Je chantai.
2ᵉ CONJUGAISON.	Bénir. sentir. mentir. dormir. servir. ouvrir. tenir.	Bénissant. sentant. mentant. dormant. servant. ouvrant. tenant.	Béni. senti. menti. dormi. servi. ouvert. tenu.	Je bénis. je sens. je mens. je dors. je sers. j'ouvre. je tiens.	Je bénis. je sentis. je mentis. je dormis. je servis. j'ouvris. je tins.
3ᵉ CONJUGAISON.	Apercevoir.	Apercevant.	Aperçu.	J'aperçois.	J'aperçus.
4ᵉ CONJUGAISON.	Répandre. craindre. teindre. joindre. réduire. plaire. tondre	Répandant. craignant. teignant. joignant. réduisant. plaisant. tondant.	Répandu. craint. tient. joint. réduit. plu. tondu.	Je répands. je crains. je tiens. je joins. je réduis. je plais. je tonds,	Je répandis. je craignis. je teignis. je joignis. je réduisis. je plus. je tondis.

D. *Qu'est ce que les temps* dérivés ?

R. Ce sont ceux qui se forment des temps primitifs ?

D. *Les temps des verbes ne se divisent-il pas encore en temps* simples *et en temps* composés ?

R. Oui les temps *simples* sont ceux qui n'empruntent point un des temps d'*avoir* ou d'*être*.

Et les temps *composés* sont ceux qui empruntent un des temps d'*avoir* ou d'*être*.

D. *Dites les temps simples ?*

R. Les temps simples sont le *présent* de l'*indicatif*, l'*imparfait*, le *passé défini*, le *futur simple*, le *conditionnel présent*, l'*impératif*, le *présent* et l'*imparfait du subjonctif*, le *présent* de l'*infinitif* et les deux *participes ?*

D. *Dites les temps composés ?*

R. Ce sont le *passé indéfini*, le *passé antérieur*, le *plusque-parfait*, le *futur composé*, le *conditionnel passé*, le *passé* et le *plusque-parfait du subjontcif*, le *passé* de l'*infinitif* (1).

FORMATION DES TEMPS SIMPLES.

D. *De quoi se forme l'imparfait de l'indicatif?*

R. Il se forme du participe présent, en changeant *ant* en *ais* : *aimant, j'aimais*, etc., excepté *ayant, j'avais; sachant, je savais*. (2)

D. *De quoi se forme le futur ?*

R. Il se forme du présent de l'infinitif, en changeant *r* ou *re* en *rai*, excepté vingt-un verbes.

D. *Quelles sont les exceptions de la* 1re *conjugaison?*

R. *Aller*, futur *j'irai*; *envoyer*, *j'enverrai*.

D. *Quelles sont les exceptions de la* 2e *conjugaison?*

R. *Tenir*, je *tiendrai*; *venir*, je *viendrai*; *courir*, je *cour-*

---

(1) Je donne.. nous avons pleuré.. je veux.. je voudrais.. tu aurais dormi.. que je coure.., etc. Est-ce un temps simple ou un temps composé ?

(2) Du participe présent on forme encore les trois personnes plurielles du présent de l'indicatif, en changeant *ant* en *ons, ez, ent*, ainsi de *cousant*, on fait *nous cousons, vous cousez, ils cousent*.

rai; cueillir, je cueillerai; mourir, je mourrai; acquérir, j'ac=
querrai (1).

D· *Dites les onze exceptions de la 3ᵉ conjugaison?*

R. Ce sont *recevoir*, futur je *recevrai*; *avoir*, *j'aurai*, *échoit*, *j'écherrai*; *pouvoir*, je *pourrai*; *savoir*, je *saurai*; *s'asseoir*, je *m'asseierai* ou je *m'assiérai*; *voir*, je *verrai*; *vouloir*, je *voudrai*; *valoir*, je *vaudrai*; *falloir*, il *faudra*; *pleuvoir*, il *pleuvra*.

D. *Et les deux exceptions de la 4ᵉ conjugaison?*
R. Les voici : *faire*, je *ferai*; *être* je *serai*.

D. *Comment se forme le conditionnel présent?*

R. Il se forme du futur en ajoutant une *s*.

D. *Et l'impératif, comment se forme-t-il?*

R. L'impératif se forme du présent de l'indicatif, en ôtant seulement le pronom *je*. Exemples : *j'aime*, impératif *aime*; je *finis*, impératif *finis*.

D. *L'impératif va s'écrit-il toujours sans s?*

R. Non; l'impératif *va* prend une *s* qu'and il est suivi d'un mot *y*. Exemple : *vas y*. Mais si après *y* il vient un verbe, *va* s'écrira encore sans *s*. *Va y donner ordre.*

D. *Quand l'impératif ne prend-il point d's à la seconde personne du singulier ?*

R. C'est dans les verbes dont le présent de l'indicatif est terminé par un *e* muet : comme *parle* à propos; *écoute* les bon conseils.

D. *Mais si cette seconde personne en e muet était suivie des pronoms en et y?*

R. Alors il faudrait ajouter une *s* après l'e muet. Exemples : *portes-en à ton frère; apportes y des livres.*

D. *A quoi sont semblables les deux troisièmes personnes de l'impératif?*

Elle sont semblables aux deux troisièmes personnes du présent du subjonctif.

D. *De quoi se forme le présent du subjonctif?*

R. Il se forme du participe présent, en changeant *ant* en *e* muet, à l'exception de dix-sept verbes.

---

(1) Faites sonner fortement les deux *r* dans le futur et le conditionnel présent des verbes *acquérir, mourir* et *courir*.

2*

D. Quels sont les dix-sept verbes dont le prése..
subjonctif ne se forme pas du participe présent ?

R. Ce sont :

1ʳᵉ CONJUGAISON. *Allant*, que j'*aille*.

2ᵉ CONJ. *Tenant*, que je *tienne*; *venant*, que je *vienne*; *acqérant*, que j'*acquière* (1); *mourant*, que je *meure*; *fuyant*, que je *fuie*.

3ᵉ CONJ. *Recevant*, que je *reçoive*; *devant*, que je *doive*; *pouvant*, que je *puisse*; *voulant* (2), que je *veuille*; *mouvant*, que je *meuve*; *valant*, que je *vaille*; *fallant*, qu'il *faille*.

4ᵉ CONJ. *Etant*, que je *sois*; *buvant*, que je *boive*; *faisant*, que je *fasse*; *prenant*, que je *prenne*.

D. De quoi se forme l'imparfait du subjonctif. ?

R. Il se forme de la seconde personne siugulière du passé défiini, en ajoutant *se*. Exemples : tu *aimas*, que j'*aimasse*; tu *vins*, que je *vinsse*.

FORMATION DES TEMPS COMPOSÉS.

D. Comment se forment les temps composés ?

R. Tous les *temps composés* se forment du participe passé, en y joignant les temps des verbes *avoir* et *étre*, comme j'*ai chanté*, j'ai puni, j'*avais aperçu*, j'*aurai répandu*, que j'*eusse parlé*, je *suis venu*, je *serais tombé*, que je *fusse parti*, etc.

D. L'y ne se change-t-il pas quelquefois en i simple dans les verbes qui ont le participe présent en ayant?

R. L'*y* se change en *i* simple dans toutes les personnes où cet *y* est suivi d'uu e muet. Exemples : j'*effraie*, j'*appuie-rai*, que je *nettoie*, que tu *fuies*, qu'il *voie*, etc.

---

(1) Que j'acquière, que tu acquières, qu'il acquière, que nous acquérfons, que vous acquériez, qu'ils acquièrent.
(2) Que nous vouliors, que vous vouliez, qu'ils veuillent.

TEMPS PRIMITIFS

DES VERBES IRRÉGULIERS.

Présent de l'infinit.	Participe présent.	Participe passé.	Présent de l'indicatif.	Passé défini.
PREMIÈRE CONJUGAISON.				
Aller.	allant.	allé.	je vais (1).	j'allai.
SECONDE CONJUGAISON.				
Courir.	courant.	couru.	je cours.	je courus.
Cueillir.	cueillant.	cueilli.	je cueille.	je cueillis.
Fuir.	fuyant.	fui.	je fuis.	je fuis.
Mourir.	mourant.	mort.	je meurs.	je mourus.
Faillir.	faillant.	failli.	je faux.	je faillis.
Acquérir.	acquérant.	acquis.	j'acquiers.	j'acquis.
Saillir.	saillant.	sailli.	il saille.	il saillit.
Tressaillir.	tressaillant.	tressailli.	je tressaille.	je tressaillis.
Vêtir.	vêtant.	vêtu.	je vêts.	je vêtis.
Revêtir.	revêtant.	revêtu.	je revêts.	je revêtis.
TROISIÈME CONJUGAISON.				
Choir.				
Déchoir.		déchu.	je déchois.	je déchus.
Echoir.	échéant.	échu.	il échoit	j'échus.
Falloir.	fallant.	fallu.	il faut.	il fallut.
Mouvoir.	mouvant.	mu.	je meus.	je mus,
Pleuvoir.	pleuvant.	plu.	il pleut.	il plut.
Pouvoir.	pouvant.	pu.	je puis (2).	je pus,
Savoir.	sachant.	su.	je sais.	je sus,
S'asseoir.	s'asseyant.	assis.	je m'assieds,	je m'assis.
Surseoir.	sursoyant.	sursis.	je surseois.	je sursis,
Valoir.	valant.	valu.	je vaux,	je valus.
Voir.	voyant.	vu.	je vois	je vis.
Pourvoir.	pourvoyant.	pourvu.	je pourvois.	je pourvus.
Vouloir.	voulant.	voulu.	je veux.	je voulus.

(1) Tu vas, il va, nous allons, vous allez, ils vont.

(2) Tu peux, il peut, nous pouvons, vous pouvez, ils peuvent.

Présent de l'infinitif.	Participe présent	Participe passé.	Présent de l'indicatif	Passé défini.

QUATRIÈME CONJUGAISON.

Présent de l'infinitif.	Participe présent	Participe passé.	Présent de l'indicatif	Passé défini.
Battre.	battant.	battu.	je bats.	je battis.
Boire.	buvant.	bu.	je bois.	je bus.
Braire.			il brait.	
Bruire.	bruyant.			
Circoncire.		circoncis.	je circoncis.	je circoncis.
Clore.		clos.	je clos.	
Conclure.	concluant.	conclus.	je conclus.	je conclus.
Confire.	confisant.	confit.	je confis.	je confis.
Répondre.	répondant.	répondu.	je réponds.	je répondis.
Coudre.	cousant.	cousu.	je couds.	je cousis,
Croire.	croyant.	cru.	je crois.	je crus.
Dire.	disant.	dit.	je dis.	je dis.
Maudire.	maudissant.	maudit.	je maudis.	je maudis.
Ecrire.	écrivant.	écrit.	j'écris.	j'écrivis.
Exclure.	excluant.	exclu.	j'exclus.	j'exclus.
Faire.	faisant.	fait.	je fais.	je fis.
Prendre.	prenant.	pris.	je prends.	je pris.
Lire.	lisant.	lu.	je lis.	je lus.
Luire.	luisant.	lui.	je luis.	
Mettre.	mettant.	mis.	je mets.	je mis.
Moudre.	moulant.	moulu.	je mouds.	je moulus.
Naître.	naissant.	né.	je nais.	je naquis.
Nuire.	nuisant.	nui.	je nuis.	je nuisis.
Rire.	riant.	ri.	je ris,	je ris.
Rompre.	rompant.	rompu.	je romps.	je rompis.
Absoudre.	absolvant.	absous.	j'absous.	
Résoudre.	résolvant.	résolu. (1)	je résous.	je résolus.
Suffire	suffisant.	suffi.	je suffis.	je suffis.
Suivre.	suivant.	suivi.	je suis.	je suivis.
Traire.	trayant.	trait.	je trais.	
Vaincre.	vainquant.	vaincu.	je vaincs.	je vainquis.
Vivre.	vivant.	vécu.	je vis.	je vécus.

Nous ne marquons pas les verbes *composés*, parce qu'ils suivent la conjugaison de leur *simple* : par exemple, les com-

---

(1) Résoudre, signifiant *décider*, fait au participe *résolu* ; résoudre, signifiant *changer en*, participe *résous*.

posés *promettre*, *admettre*, etc., se conjuguent comme le verbe simple *mettre*.

REMARQUES SUR L'ORTOGRAPHE DE CHAQUE PERSONNE ET DE CHAQUE TEMPS.

D. *Quelle est la terminaison des premières personnes du singulier ?*

R. La première personne du singulier ne peut finir que de trois manières : ou par un *e* muet, ou par une *s*, ou par *ai. Je porte, je bois, je porterai.*

D. *Comment finit la seconde personne du singulier ?*

R. Elle est toujours terminée par une *s. Tu aimes, tu fais.* (1)

R. *Comment se termine la troisième personne du singulier ?*

R. Si la première personne finit par un *e* muet, la troisième finit aussi par un *e* muet.

1re *Je chante.*   3e *Il chante.*
1re *Que je dorme.*   3e *Qu'il dorme* (2).

Si la première personne du singulier finit par une *s* ou un *x*, la troisième doit finir par un *t*.

1re *Je finis.*   3e *Il finit.*
1re *Je veux.*   3e *Il veut* (3).

Si la 1re personne est terminée par *ai*, la 3e finit par un *a.*

---

(1) Dans les verbes dont la 1re et la 2e personne du singulier sont terminées en *au* et en *eu*, on met un *x* au lieu d'une *s. Je vaux, tu vaux ; je veux, tu veux.*

(2) Il faut en excepter la 3e personne singulière de l'imparfait du subjonctif qui, dans tous les verbes, est toujours terminée par un *t*, quoique la 1re finisse par un *e* muet. Il faut encore en excepter la 3e personne singulière du présent du subjonctif du verbe *avoir*, *qu'il ait*, quoique la 1re fasse *que j'aie.*

(3) Quelques verbes en *dre* sont terminés au présent de l'indicatif, à la 3e personne, par un *d* au lieu d'un *t. Il vend, il rend,* etc. Les verbes, *je vaincs* et *je vais* font à la 3e personne, *il vainc, il va.*

1re *Je portai.*   3e *Il porta.*
1re *Je viendrai.*   3e *Il viendra.*

D. *Quelle est la terminaison des trois personnes du pluriel ?*

R. La première personne du pluriel finit par une *s*, la seconde par un *z* (1) et la troisième par *nt*.

TERMINAISON DES TEMPS SIMPLES.

D. *Comment se termine le présent de l'indicatif des verbes qui ont l'indicatif en* er *, en* frir *et en* vrir *?*

R. Il se termine par un e muet (2). Mais si le verbe n'a pas son infinitif en *er*, en *frir* et en *vrir*, le présent de l'indicatif se termine par une *s*.

D. *Et l'imparfait ?*
R. Il se termine toujours par *ais*.

D. *Combien le passé défini a-t-il de terminaisons ?*

R. Quatre, qui sont *ai*, *is*, *us*, *ins*. La première conjugaison seulement à ce passé en *ai*.

D. *Quelles sont les terminaisons du futur et du conditionnel ?*

R. Le futur finit en *rai*, et le conditionnel en *rais*.

D. *Peut-on écrire* j'aperceverai, *vous* craindeperiez, *nous* nous plainderions , etc.

R. Non, parce qu'on ne doit mettre *e* devant *rai* et devant *rais*, qu'aux verbes de la première conjugaison.

D. *Comment se termine le présent du subjonctif ?*

---

(1) Excepté au passé défini; *vous* aimâtes, *vous* lûtes, etc., aux secondes personnes du présent de l'indicatif des verbes *être*, *faire*, *dire*, qui font : vous êtes, vous *faites*, vous *dites*.

Quoique *dire* et *redire* fassent au présent et à l'impératif vous dites, vous redites, néanmoins les autres composés *contredire*, *dédire*, *interdire*, *médire*, *prédire*, font régulièrement vous contredisez, vous *médisez*, etc.

(2) Excepté je *vais* et j'*appauvris*.

R. Toujours par un *e* muet. Exemples : il faut que je *voie*, et que je *croie* ; tu vois ce qu'il faut que tu *voies* ; je cours, parce qu'il est nécessaire que je *coure*.

D. *Combien de terminaisons a l'imparfait du subjonctif?*

R. Il en a quatre : *asse*, *isse*, *usse*, *insse*. La terminaison en *asse* n'est que pour les imparfaits de la 1re conjugaison.

D. *Comment distinguer facilement la 3e personne singulière de l'imparfait du subjonctif d'avec la 3e personne singulière du passé défini?*

R. Il n'y a qu'à donner au verbe un sujet pluriel, et l'on voit aisément auquel des deux temps est le verbe.

D. *Ecrit-on de la même manière le présent de l'infinitif et le participe passé des verbes de la 1re conjugaison?*

R. Non, l'infinitif est toujours terminé par *er*, et le participe passé par *é* (1).

D. *Quand doit-on employer l'infinitif et le participe passé ?*

R. Lorsqu'il y a deux verbes de suite, on met le second à l'infinitif ; exemples : je veux *parler*, nous savons *chanter* ; mais si le premier verbe est un des temps d'*avoir* ou d'*être*, le second se met au participe ; exemples : ils ont *étudié*, tu es *tombé*.

D. *Et si le verbe est précédé d'une des prépositions de , à , pour , sans , etc.*

R. Quand il y a une préposition devant le verbe, on le

---

(1) Tous les participes de la 1re conjugaison sont formés de l'infinitif, en retranchant l'*r*. Dans les autres conjugaisons, on forme le participe masculin par le retranchement de l'*e* muet du participe féminin. Ainsi les participes *dit*, *fait*, *ouvert*, se terminent par un *t*, parce qu'ils sont formés de *dite*, *faite*, *ouverte* ; *mis* et *pris* doivent finir par une *s*, parce qu'ils viennent de *mise*, *prise*.

C'est encore par ce moyen que l'on connaît la terminaison des adjectifs masculins.

met à l'infinitif; exemple : *pour* marcher *sans tomber, il cherche à se détourner des mauvais pas* (1).

SUJET ou NOMINATIF.

D. *Qu'est-ce que le sujet ou nominatif d'un verbe ?*

R. Le *sujet* ou *nominatif* d'un verbe est la personne ou la chose dont on parle; le *sujet* fait ou reçoit l'action que le verbe exprime.

D. *Comment trouve-t-on facilement le sujet d'un verbe ?*

R. On trouve le sujet en faisant sur le verbe la question *qui est-ce qui ?* La réponse à cette question indique le nominatif. Exemples : *l'enfant* est sage ; *l'enfant* est le sujet du verbe *est*.

Dieu voit tout; *Dieu*, sujet du verbe *voit*.

VERBES ACTIFS.

D. *Qu'appelle-t-on verbes* actifs ?

R. Les verbes *actifs* sont ceux dont le sujet fait une action qui se porte directement sur un objet, et après lesquels on peut mettre *quelqu'un* ou *quelque chose*. Ainsi *aimer* est un verbe actif, parce qu'on peut dire *aimer quelqu'un, aimer quelque chose*.

RÉGIME DES VERBES

D. *Comment appelle-t-on l'objet sur lequel se porte l'action du verbe ?*

---

(1) C'est ici le lieu d'exercer les élèves sur tous les temps et toutes les personnes qui ont leur terminaison en *e*. On leur fera écrire des phrases de ce genre:

Je veux *chercher* ce que vous avez *cherché* ce matin, ce que vous *cherchez* en ce moment, ce que je *cherchai* déjà hier ... Nous voulons vous *aimer*; je vous *parlerai*, vous me *parlerez*, etc.

(Il faut répéter souvent ce genre d'exercice.)

R. Il s'appelle le *régime* ou le *complément* du verbe.

D. *Combien le verbe a-t-il de sortes de régimes?*

R. Deux, le régime *direct* et le régime *indirect*.

D. *A quelle question répond le régime direct ?*

R. Le régime direct répond à la question *qui* ou *quoi*. Ainsi dans ces phrases, *j'aime Dieu*; *Dieu* est le régime direct du verbe *j'aime*. *Je bâtis une maison*; *maison* est le régime direct du verbe je *bâtis*, parce qu'il répond à la question *quoi*, faite sur je *bâtis*.

D. *Quels sont les verbes qui on nécessairement toujours un régime direct exprimé ou sous entendu ?*

R. Ce sont les verbes *actifs* (1), et il n'y a que les verbes actifs qui aient un régime direct.

D. *Est-ce que les verbes passifs et les verbes neutres n'ont point de régimes ?*

R. Les verbes *passifs* et les verbes *neutres* ont quelquefois un régime, mais ce ne peut être qu'un régime indirect.

D. *Les verbes actifs n'ont-il pas aussi quelquefois un régime indirect ?*

R. Outre le régime direct, il y a des verbes actifs qui peuvent avoir le régime *indirect*; ce régime indirect est marqué par les mots *à* ou *de*.

D. *A quelles questions répond le régime indirect ?*

____

(1) S'il y a des verbes actifs qui manquent quelquefois de régime direct, c'est qu'ils sont alors employés comme verbes neutres. Par exemple, *peser* est actif dans: *Dieu pesera nos actions*; et il est neutre dans : *cette malle pèse cent livres*.

R. Aux questions *à qui* ou *à quoi, de qui* ou de *quoi*, faites sur le verbe. Exemples : donner un prix *à l'enfant* ; délivrer quelqu'un *du danger* ; jouir de *sa liberté*.

EXERCICE PRATIQUE SUR LES SUJETS, LE RÉGIME DIRECT ET LE RÉGIME INDIRECT.

Trouvez dans ces phrases le sujet... le régime direct... le régime indirect (1).

Pierre * lira un livre ** instructif ; tu * donneras l'aumône ** aux pauvres *** ; Dieu * récompense les bons ** , il punit les méchans ** ; je * vous ** aime ; cet homme * me ** plaît ; je * te ** connais ; le maître * nous ** instruisait ; on * estime les écoliers ** laborieux (2) ; Charles * veut travailler ** ; nous * avons offert à Dieu *** notre travail ** ; elle * a parlé à ta sœur *** ; tu * as rempli de vin *** ce gros tonneau ** ; je * veux jouir de mon bien *** , profiter de mon temps *** ; il * nous *** donnera sa bourse ** ; il * te *** rendra un service ** important.

Faites une phrase dans laquelle le nom *mon père* (ou tel autre nom) soit employé comme *sujet*.. comme régime direct.. comme régime indirect.

VERBES PASSIFS.

D. *Qu'est-ce que le verbe passif?*

R. Le verbe passif est celui dont le sujet reçoit, souffre ou supporte l'action.

D. *Quand on sait conjuguer le verbe être, ne sait-on pas conjuguer tous les verbes passifs?*

R. Oui ; car le verbe passif se conjugue dans tous ses temps par le verbe *être*, auquel on ajoute le participe passé du verbe que l'on veut conjuguer.

D. *Conjuguez le passif du verbe* aimer... punir... prendre... honorer... , *etc.*

---

(1) * Indique le sujet, ** indiquent le régime direct, et *** le régime indirect.

(2) Ce n'est pas assez que l'élève désigne comme sujet ou régime, le mot marqué d'astérisque : il doit encore ajoute les autres mots qui en dépendent.

ÊTRE AIMÉ.

INDICATIF.

PRÉSENT.

Je suis aimé *ou* aimée,
Tu es aimé *ou* aimée,
Il est aimé *ou* elle est aimée,
Nous sommes aimés *ou* aimées.
Vous êtes aimés ou aimées,
Ils sont aimés *ou* elles sont aimées.

IMPARFAIT.

J'étais aimé *ou* aimée,

PASSÉ DÉFINI.

Je fus aimé *ou* aimée, etc.

PASSÉ INDÉFINI

J'ai été aimé *ou* aimée, etc.

PASSÉ ANTÉRIEUR.

J'eus été aimé *ou* aimée, etc.

PLUSQUE-PARFAIT.

J'avais été aimé *ou* aimée etc.

FUTUR.

Je serai aimé *ou* aimée, etc.

FUTUR COMPOSÉ.

J'aurai é é aimé *ou* aimée, etc.

CONDITIONNELS

PRÉSENT.

Je serais aimé *ou* aimée, etc.

PASSÉ.

J'aurais été aimé *ou* j'eusse
été aimé, *ou*, aimée.

IMPÉRATIF.

Sois aimé *ou* aimée, etc.

SUBJONCTIF.

PRÉSENT.

Que je sois aimé *ou* aimée, etc.

IMPARFAIT.

Que je fusse aimé *ou* aimée, etc.

PASSÉ.

Que j'aie été aimé *ou* aimée, etc.

PLUSQUE-PARFAIT.

Que j'eusse été aimé *ou* aimée, etc.

INFINITIF.

PRÉSENT.

Être aimé *ou* aimée.

PASSÉ.

Avoir été aimé *ou* aimée.

PARTICIPES.

PRÉSENT.

Étant aimé *ou* aimée.

PASSÉ.

Ayant été aimé *ou* aimée.

FUTUR.

Devant être aimé *ou* aimée.

D. *Quels sont les verbes qui peuvent avoir une signification passive ?*

R. Il n'y a que les seuls verbes actifs qui puissent se changer en passifs ; ainsi on ne peut pas former un passif avec un verbe neutre (1)

______

(1) On ne pourrait pas dire : je suis dormi, j'étais langui, je suis coûtée, etc.

D. *Comment change-t-on l'actif en passif?*

R. Il faut prendre le régime direct du verbe actif pour en faire le sujet du passif, et ajouter, après le verbe passif, le mot *par* ou *de.*

D. *Changez l'actif en passif dans ces phrases : Le loup mange la brebis.. Alexandre vainquit Darius.. Dieu punira les méchants.. Vous aimerez vos instituteurs.*

R. La brebis est mangée par le loup.. Darius fut vaincu par Alexandre.. Les méchants seront punis de Dieu (1).. Vos instituteurs seront aimés de vous.

D. *Est-il indifférent d'employer les prépositions de ou par après un verbe passif?*

R. Non : en général on emploie *de* quand le verbe exprime une action de l'âme; Exemples : un enfant sage est estimé *de* tout le monde; je suis connu *du* roi.

Mais on emploie *par* lorsque le verbe exprime une action à laquelle le corps participe par quelques mouvemens, comme j'ai été battu *par* cet homme; il fut trompé *par* un imposteur (2)

VERBES NEUTRES.

D. *Qu'est-ce que les verbes neutres ?*

R. Les verbes *neutres* sont ceux dont l'action ne sort pas du sujet, et après lesquels on ne peut pas mettre *quelqu'un* ou *quelque chose; languir, dormir,* sont des verbes neutres, parce qu'on ne peut pas dire, *languir* quelqu'un, *dormir* quelque chose.

---

(1) Faites continuer cet exercice en vous servant des phrases actives de l'exercice pratique de la page 64.
(2) N'employez jamais *par* devant le nom *Dieu.*

D. Quels sont les verbes neutres qui se conjuguent toujours par être *aux temps composés?*

R. Ce sont : *aller, arriver, échoir, résulter, décéder, entrer, mourir, naître, partir, rester, tomber, venir* et ses composés (1).

D. Conjuguez le verbe venir *, sur lequel doivent se conjuguer tous ces verbes avec leurs composés.*

INDICATIF.

PRÉSENT.

Je viens, tu viens, etc.

IMPARFAIT.

Je venais, etc.

PASSÉ DÉFINI.

Je vins, etc.

PASSÉ INDÉFINI.

Je suis venu, etc.

PASSÉ ANTÉRIEUR.

Je fus venu, etc.

PLUSQUE PARFAIT.

J'étais venu, etc.

FUTUR.

Je viendrai, etc.

FUTUR COMPOSÉ.

Je serai venu, etc.

CONDITIONNELS

PRÉSENT.

Je viendrais, etc.

PASSÉ.

Je serais venu, etc.

IMPÉRATIF.

Viens, etc.

SUBJONCTIF.

PRÉSENT.

Que je vienne, etc.

IMPARFAIT.

Que je vinsse, etc.

PASSÉ.

Que je sois venu, etc.

PLUSQUE-PARFAIT.

Que je fusse venu, etc.

INFINITIF.

PRÉSENT.

Venir.

PASSÉ.

Être venu.

PARTICIPES.

Venant, venu (2)

D. Quels sont les verbes neutres qui prennent avoir *quand ils expriment une action, et qui prennent* être *quand ils marquent seulement l'état du sujet* (3) ?

___

(1) A l'exception de *contrevenir* et de *survenir* qui se conjuguent par *avoir.*

(2) Peut-on dire : nous *avons* entré... nous *avons* parti..... il *avait* tombé ? — Pourquoi ne peut-on pas le dire ?

(3) Quand ces verbes neutres expriment une action, ils ont quelquefois un régime direct, et alors ils deviennent *actifs* : ex. : On a descendu mes tonneaux ; il a monté les degrés ; sortez mon cheval de l'écurie.

R. Ce sont : *monter*, *descendre*, *sortir*, *rentrer*, *grandir*, *vieillir*, *rajeunir*, *baisser*, *échouer*, *déborder*, *croître*, *décroître*, *déchoir*, *disparaître*, *périr*, *passer*, *échapper*, *cesser*. (1)

EXEMPLES :

ACTION.	ÉTAT.
Il *a* monté, il *a* descendu trois fois aujourd'hui.	Il n'est plus ici : il *est* monté, il *est* descendu.
Elle *a* sorti ce matin à huit heures, elle *a* rentré à dix.	Votre sœur est-elle chez elle? Non, elle *est* sortie, elle n'*est* pas encore rentrée.
Le roi *a* passé par Amiens : il *a* passé sous mes fenêtres.	La procession *est* déjà passée; l'orage *est* passé.

D. *Que remarquez-vous sur les verbes neutres* convenir, demeurer ?

R. *Convenir* prend *avoir* quand il signifie *être convenable*; il prend *être* quand il signifie *demeurer d'accord*. Exemples : Cette maison nous *a* convenu et nous *sommes* convenu du prix.

Demeurer prend *avoir* lorsqu'il signifie faire sa demeure : il *a* demeuré cinq ans à Paris ; mais il prend *être* s'il n'est pas question d'un domicile ; il *est* demeuré deux mille hommes sur place ; il *est* demeuré muet.

D. *Comme le verbe être s'emploie souvent pour* aller, *est-il indifférent de dire : il est allé à l'église, ou il a été à l'église ?*

R. Quand on dit, à la troisième personne, *il est allé à l'église*, etc., cela signifie qu'il y est encore ; mais si l'on dit : *il a été à l'église*, on veut marquer qu'il en *est* déjà revenu (2).

---

(1) *Accourir*, *apparaître*, *comparaître*, prennent indifféremment *être* ou *avoir*.

(2) Au passé défini, n'employez jamais le verbe *être* pour le verbe *aller*; ne dites pas : il fut à Rome pour des affaires importantes; dites : il alla à Rome; etc.

D. Il existe près de 600 verbes neutres dans notre langue, et nous n'avons parlé que d'environ 40 dans les règles précédentes : comment se conjuguent tous les autres verbes neutres ?

R. Tous les autres verbes neutres se conjuguent par *avoir*.

VERBES PRONOMINAUX.

D. Qu'est-ce que les verbes pronominaux ?

R. Les verbes *pronominaux* sont ceux qui se conjuguent avec deux pronoms de la même personne, comme *je me* flatte, *tu te* loues, *il se* blesse (1).

D. Ne les distingue-t-on pas encore par l'infinitif ?

R. Oui ; les verbes pronominaux ont toujours *se* devant l'infinitif. Exemples : *se fâcher*, *se battre*.

D. Quand les verbes pronominaux ont-ils une signification passive ?

R. C'est quand le sujet est un nom de chose inanimée (2). Exemples : *une vieille habitude se quitte difficilement; ce mot se trouve dans La Fontaine; le bled se vendait trop cher.*

D. Quand les verbes pronominaux sont-ils appelés réfléchis, et ont-ils une signification active ?

R. C'est quand l'action qu'ils expriment retombe sur celui qui la fait. Exemple : *mon frère se blesse.*

D. Le verbe pronominal n'est-il pas encore quelquefois neutre ?

R. Le verbe pronominal est en général un verbe

(1.) Le premier de ces pronoms est toujours employé comme sujet, le deuxième comme régime.

(2) Le verbe pronominal est encore quelquefois passif quoique le sujet soit un nom de personne : c'est quand le sujet ne fait pas lui-même l'action ; exemple : *cet homme ne s'ébranle pas de vos menaces.*

neutre, quand ce verbe n'a point de régime direct, et qu'il a pour sujet un nom de personne. Exemples: *ils se sont succédé; elles se sont parlé.*

D. *Comment sont employés les pronoms* me, te, se, nous, vous, *mis à côté des verbes réfléchis ?*

R. Ces pronoms sont régimes des verbes réfléchis: tantôt régimes directs, tantôt régimes indirects.

D. *Quand sont-ils régimes directs ?*

R. Ils sont régimes directs quand ils sont mis pour *moi, toi, soi, nous, vous, eux, elles,* Exemple : *tu te loues,* c'est-à-dire, *tu loue toi.*

D. *Quand sont-ils régimes indirects ?*

R. Ils sont régimes indirects quand ils signifient *à moi, à toi, à lui, à nous, à vous, à eux, à elles.*

Exemple : *elle se donne des louanges,* c'est-à-dire, *elle donne des louanges à soi, à elle* (1).

D. *Par quel auxiliaire se conjuguent-ils aux temps composés ?*

R. Ils se conjuguent tous par l'auxiliaire *être.*

D. *Conjuguez* se repentir.

INDICATIF.	IMPARFAIT.
PRÉSENT.	Je me repentais, etc.
Je me repens,	PASSÉ DÉFINI.
Tu te repens,	Je me repentis, etc.
Il *ou* elle se repent,	PASSÉ INDÉFINI.
Nous nous repentons,	Je me suis repenti *ou* re-
Vous vous repentez,	pentie.
Ils *ou* elles se repentent.	

(1) Autres exemples à proposer aux élèves pour leur faire distinguer comment y sont employés *me, te, se, nous, vous.*

Je me * rends justice ; tu te * chagrines ; il se * trompe ; elle se * croit savante ; je me * fais peur ; il se * donne des soufflets ; nous nous * flattons ; nous nous * faisons illusion ; vous vous * rendez méprisable ; vous vous * faites tort ; ils se * trompent ; elles se * diront des injures, etc.

PASSÉ ANTÉRIEUR.

Je me fus repenti *ou* repentie.

PLUSQUE-PARFAIT.

Je m'étais repenti *ou* repentie.

FUTUR SIMPLE.

Je me repentirai.

FUTUR COMPOSÉ.

Je me serai repenti *ou* repentie.

CONDITIONNELS

PRÉSENT.

Je me repentirais.

PASSÉ.

Je me serais repenti *ou* repentie.

On dit aussi :

Je me fusse repenti ou *repentie.*

IMPÉRATIF.

Repens toi,
Qu'il *ou* qu'elle se repente,
Repentons-nous,
Repentez-vous,
Qu'ils *ou* qu'elles se repentent.

SUBJONCTIF.

PRÉSENT OU FUTUR.

Que je me repente.

IMPARFAIT.

Que je me repentisse.

PASSÉ.

Que je me sois repenti *ou* repentie.

PLUSQUE-PARFAIT.

Que je me fusse repenti *ou* repentie.

INFINITIF.

PRÉSENT.

Se repentir.

PASSÉ.

S'être repenti *ou* repentie.

PARTICIPES.

PRÉSENT.

Se repentant.

PASSÉ.

Repenti, s'étant repenti *ou* repentie.

FUTUR.

Devant se repentir.

Conjuguez de même *se battre*, *se taire*, *se promener*, *se baigner*, etc. (1)

D. *Que remarquez-vous sur le verbe pronominal* s'en aller ?

R. Il faut toujours placer le mot *en* avant le verbe *être*. Ainsi dites : *je m'en suis allé, je m'en étais allé,* et non pas *je me suis en allé, je m'étais en allé.*

---

(1) Les personnes qui disent, *nous irons promener*, *nous allons baigner*, ne font pas attention que, dans ce sens, ce sont des verbes pronominaux.

3

D. *Ne fait-on pas une faute lorsqu'en conjuguant le verbe pronominal* se rappeler, *on dit :* je m'en rappelle, il ne se rappelle pas de son nom, etc. ?

R. Oui, il faut dire : *je me le rappelle, je me rappelle* cela, cette chose ; *il ne se rappelle pas son nom, sa figure,* etc. (1)

VERBES IMPERSONNELS.

D. *Qu'est-ce que le verbe impersonnel ?*

R. C'est celui qui ne s'emploie qu'à la 3e personne du singulier ; comme *il faut, il pleut, il neige, il grêle, il importe, il y a, il y avait.* Il se conjugue à cette 3e personne comme les autres verbes.

INDICATIF.

PRÉSENT.

Il faut.

IMPARFAIT.

Il fallait.

PASSÉ DÉFINI.

Il fallut.

PASSÉ INDÉFINI.

Il a fallu.

PASSÉ ANTÉRIEUR.

Il eut fallu.

PLUSQUE-PARFAIT.

Il avait fallu.

FUTUR SIMPLE.

Il faudra.

FUTUR COMPOSÉ.

Il aura fallu.

CONDITIONNELS.

PRÉSENT.

Il faudrait.

PASSÉ.

Il aurait fallu.

SUBJONCTIF.

PRÉSENT OU FUTUR.

Qu'il faille.

IMPARFAIT.

Qu'il fallût.

---

(1) Pour que le verbe *se rappeler* soit bien employé, il faut qu'on puisse tourner *me, te, se, nous, vous,* par *à moi, à toi, à soi, à nous, à vous ;* or, je m'en rappelle, signifie : je rappelle à moi de cela ; ce qui est contraire aux règles sur les régimes ; au lieu que *je rappelle à moi cela, son nom,* est une construction toute régulière.

PASSÉ.	INFINITIF. PRÉSENT.
Qu'il ait fallu.	Falloir.
PLUSQUE-PARFAIT.	PARTICIPE. PASSÉ.
Qu'il eût fallu.	Ayant fallu.

D. Les verbes personnels ne s'emploient-ils pas dans le sens des impersonnels ?

R. Oui, et c'est lorsqu'on ne peut point mettre de nom à la place du pronom *il*. Exemples : il arrive *souvent que vous négligez vos devoirs*. Il convient *que j'achète ce chapeau*. Il est juste *que nous aimions Dieu*.

DE LA PRÉPOSITION.

D. Qu'est-ce que la préposition ?

R. C'est un mot invariable que l'on place entre deux termes pour les lier ensemble, et pour marquer les rapports qu'ils ont entre eux.

D. Démontrez cela par un exemple ?

R. Quand je dis : *le frère* de *Jean ira* dans *huit jours* avec *ses enfans* à *la campagne* pour *sa santé*, les mots *de*, *dans*, *avec*, *à*, *pour*, *sont des* prépositions qui mettent en rapport les termes de cette phrase les uns avec les autres (1).

D. Les prépositions sont-elles en grand nombre ?

R. On en compte environ quatre-vingts dans notre langue ; voici les principales :

(1) Si l'on supprimait les prépositions de cette phrase, et que l'on dit : *le frère Jean ira huit jours ses enfans la campagne sa santé*, il n'y aurait plus ni liaison ni rapports entre les termes.

TABLEAU DES PRINCIPALES PRÉPOSITIONS.

A.	En.	Pendant.
A cause de.	En deçà de, de deçà, par deçà.	Pour.
Après.		Près de.
Attendu *ou* vu.	Entre.	Proche.
Auprès, d'après.	Envers *ou* à l'égard.	Quant.
Autour.		Sans.
Avant.	Environ.	Sauf.
Avec, d'avec.	Excepté.	Selon.
Chez.	Hormis.	Sous.
Contre.	Hors.	Suivant.
Dans.	Jusque, jusques.	Sur.
De.	Loin de.	Touchant *ou* concernant.
Delà, au-delà, de delà, par delà.	Le long de.	
	Malgré.	. . . .
	Moyennant.	. . . .
Depuis.	Nonobstant.	. . . .
Derrière.	Outre.	Vers.
Dès.	Par.	Vis-à-vis.
Devant.	Par-devers.	Voici.
Durant.	Parmi.	Voilà. (1)

D. *Comment appelle-t-on le mot qui suit la préposition ?*

R. Le mot qui suit la préposition se nomme le régime de la préposition (2).

REMARQUES SUR QUELQUES PRÉPOSITIONS.

D. *Les mots* excepté, supposé *sont-ils toujours employés comme prépositions ?*

R. *Excepté, supposé* sont prépositions lorsqu'ils sont

---

(1) Exercez l'élève en lui citant des phrases où se trouveront ces prépositions qu'il y indiquera.

(2) La préposition *durant* est la seule qui se mette quelquefois après son régime ; exemple : sa vie *durant*.

placés devant un nom. Exemples : excepté *mes sœurs* ; supposé *ces principes* ; mais ils sont adjectifs quand ils sont après un nom : *mes sœurs* exceptées ; *ces principes* supposés. (1)

D. *Quelle différence y a-t-il entre ces phrases :* mon fils apprendra la grammaire *en* six mois, *ou* apprendra la grammaire *dans* six mois?

R. *En six mois* signifie qu'il sera obligé d'étudier pendant six mois consécutifs, pour bien posséder cette science ;

Dans six mois signifie que d'aujourd'hui en six mois, il commencera à étudier la grammaire.

D. *Que remarquez vous sur la préposition* vis-à-vis ?

R. *Vis-à-vis* doit être suivi de la préposition *de.* Exemple : *vis-à-vis de mes fenêtres.*

Vis-à-vis ne peut pas s'employer pour *envers*, *avec*, *à l'égard de.* Ainsi ne dites pas : *il est ingrat* vis-à-vis *de moi*; *il est rampant* vis-à-vis *de ses supérieurs.*

D. *Peut-on indifféremment employer* autour *et* à l'entour ?

R. Non, *autour* est une préposition, et elle est suivie d'un régime : *autour d'un trône*; *à l'entour* est un adverbe, et n'a point de régime. Exemple : *il était sur son trône, et ses fils étaient* à l'entour.

D. *Comment doit-on employer* avant *et* auparavant ?

R. *Avant* est une préposition suivie d'un régime : *avant le temps* ; *auparavant* est un adverbe et n'a point de régime : *ne partez pas sitôt, venez me voir* auparavant.

D. *Que remarquez-vous sur* au travers *et* à travers ?

R. *Au travers* est suivi de la préposition *de*; *au travers des ennemis* ; *à travers* n'est pas suivi de la préposition *de* : *à travers les ennemis.*

---

(1) *Vu, passé, témoin*, sont aussi quelquefois employés comme des prépositions. *Exemples : je l'abandonne, vu son ingratitude; nous partirons, passé les vacances; cet écolier a fait de grands progrès, témoin les prix qu'il a obtenus.*

D. *Que remarquez-vous sur la préposition* devant ?

R. *Devant* ne peut être suivi de *que*. Ainsi ne dites point *devant* qu'il parte, mais dites *avant* qu'il parte.

D. *Que faut-il observer sur la préposition* près de *et sur l'adjectif* prêt à ?

R. Il ne faut pas confondre la préposition *près de*, qui signifie *sur le point de*, avec l'adjectif *prêt à*, qui signifie *disposé à*. On ne dit point, *il est* prêt *à tomber dans un précipice;* mais on dit, *il est* près *de tomber.*

D. *Peut-on employer indifféremment* à la campagne *et* en campagne ?

R. Non ; *en campagne* ne se dit que du mouvement des troupes : *l'armée est* en campagne ; mais il faut dire *j'ai passé l'été* à la campagne.

D. *Quelle différence y a-t-il entre ces phrases :* Monsieur est à la ville, *Monsieur est en ville* ?

R. On dit : *Monsieur* est *à la ville*, pour marquer qu'il n'est pas à la campagne ; et l'on dit : *Monsieur* est *en ville*, pour marquer qu'il n'est pas au logis.

D. *N'y a-t-il pas aussi une différence entre ces phrases :* Pierre *est en* prison, *et* Pierre *est* à la prison ?

R. Pierre *est en prison,* signifie qu'il est détenu : Pierre *est à la prison,* marque qu'il y est allé faire une visite.

D. *Quelle différence y a-t-il entre ces deux phrases :* tomber par terre, *et* tomber à terre.

R. Voici la différence : ce qui tient à la terre ou qui y touche par quelque partie, *tombe par terre.* Un homme qui, en marchant, se laisse tomber ; un arbre renversé par le vent, *tombe par terre.*

D. *Et ce qui est élevé au-dessus de la terre sans y toucher ?*

R. Ce qui est élevé au-dessus de la terre sans y toucher, *tombe à terre.* Le fruit attaché à l'arbre, la tuile qui tombe d'un toit, *tombent à terre.*

DE L'ADVERBE.

D. *Qu'est-ce que l'adverbe ?*

R. L'*adverbe* est un mot invariable qui se joint au verbe. ou à l'adjectif, soit pour en déterminer les manières et les circonstances, soit pour en augmenter ou pour en diminuer la signification.

D. *Donnez-en des exemples ?*

R. Quand je dis : *cet enfant travaille* beaucoup ; ce mot *beaucoup* augmente la signification du verbe *travaille;* et si je dis : *cet enfant étudie* peu ; ce mot *peu* diminue la force du verbe *étudie ;* ainsi *beaucoup* et *peu* sont des adverbes.

D. *A combien de questions répondent les adverbes ?*

R. Tout adverbe doit répondre à l'une des quatre questions, *quand, comment, combien, où.*

D. *Quels sont les adverbes de* manière ?

R. Ce sont ceux qui expriment la manière dont les choses se font, comme *sagement, poliment, inconsidérément .* Les adverbes de manière sont presque tous terminés en *ment.*

D. *Quels sont les adverbes d'*ordre ?

R. Ce sont *premièrement, secondement, d'abord, ensuite, auparavant.* Exemples : d'abord *il faut éviter le mal;* ensuite *il faut faire le bien* (1).

D. *Quels sont les adverbes de* lieu ?

R. Ce sont *où, ici, la, y, deçà, au-delà, dessus,*

(1) Avec les nombres ordinaux on forme les adverbes d'ordre 1°, 2°, 3°, 4°, 5°, que l'on prononce *premièrement, secondement, troisièmement, quatrièmement, cinquièmement,* et que l'on exprime aussi par *primò, secundò, tertiò, quartò, quintò, sextò, septimò, octavò, nonò, décimò, undécimò,* etc.

partout, *auprès*, *loin*, *dedans*, *dehors*, *ailleurs*, etc.
Exemples : où *étes-vous ? Je suis* ici ; je *vais* là.

D. *Quels sont les adverbes de* temps ?

R. Ce sont *hier*, *avant-hier*, *aujourd'hui*, *demain*, *autrefois*, *bientôt*, *tantôt*, *souvent*, *toujours*, *alors*, *jamais*, etc. Exemple : *cet enfant joue* toujours, *et ne s'applique* jamais.

D. *Quels sont les adverbes de* quantité ?

R. Ce sont *beaucoup*, *bien*, *peu*, *guère*, *assez*, *très*, *trop*, *tant*, *combien*. Exemple : *il parle* beaucoup, *et réfléchit* peu.

D. *Quels sont les adverbes de* comparaison ?

R. Ce sont *plus*, *moins*, *aussi*, *autant*, etc. Ex. : plus *sage*, aussi *sage*, moins *sage que vous.*

D. *Comment nomme-t-on ces adverbes* oui, certes, volontiers, — non, ne, pas, point, etc ?

R. Ce sont des adverbes affirmatifs et négatifs.

D. *N'y a-t-il pas certains adjectifs qui deviennent quelquefois de véritables adverbes* ?

R. Un adjectif est employé comme adverbe quand il est joint à un verbe autre que le verbe *étre* (1). Exemples : *chanter* juste, *parler* bas, *frapper* fort, *rester* court, *voir* clair, *sentir* bon, *coûter* cher.

D. *Comment s'écrivent les* adjectifs-adverbes ?

R. On les écrit toujours au masculin singulier. Exemples : *cette fleur sent* bon ; *ces maisons coûtent* cher ; *cette dame parle* gras.

D. *Qu'appelle-t-on adverbes composés ou locutions adverbiales* ?

R. On appelle ainsi certains mots qui, étant joints

______

(1) Il y a quelques verbes neutres, tel que *sembler*, *paraître*, qui, ainsi que les verbes passifs, ne sont ici que l'équivalent du verbe *étre.* Aussi l'adjectif qui suit ces sortes de verbes reste-t-il toujours un véritable adjectif, sans pouvoir être employé adverbialement.

ensemble, ont force et signification d'adverbes, tels que *à contre-temps*, *mal-à-propos*, *tout-à-coup*, *pèle-mêle*, *peu-à-peu*, etc.

D. *De quoi sont formés presque tous les adverbes de manière ?*

R. Ils sont formés des adjectifs.

D. *Comment se forme l'adverbe, lorsque l'adjectif masculin se termine par une voyelle ?*

R. Lorsque l'adjectif masculin se termine par une voyelle, on forme l'adverbe en ajoutant *ment*, à cet adjectif. Exemples :

ADJECTIFS.	ADVERBES.
Utile.	Utilement.
Vrai.	Vraiment.
Aisé.	Aisément.
Ingénu.	Ingénument.

Excepté impuni *qui fait* impunément.

D. *Comment forme-t-on l'adverbe, lorsque l'adjectif est terminé au masculin par une consonne ?*

R. On forme l'adverbe avec l'adjectif féminin, en y ajoutant *ment*. Exemples :

ADJECTIFS MASCULINS.	ADJECTIFS FÉMININS.	ADVERBES.
Doux.	Douce.	Doucement.
Bon.	Bonne.	Bonnement.
Franc.	Franche.	Franchement.
Civil.	Civile.	Civilement.

Excepté gentil, *qui fait* gentiment.

D. *Comment forme-t-on l'adverbe, lorsque l'adjectif est terminé par* ent *ou* ant *?*

R. On forme l'adverbe en changeant *nt* en *mment*, par une double *mm*. Exemples :

ADJECTIFS.	ADVERBES.
Prudent.	Prudemment.
Elégant.	Elégamment.
Méchant.	Méchamment. (1)

Excepté lent *et* présent *dont les adverbes sont* lentement, présentement.

D. *Citez les adjectifs dont l'e muet final se change en é fermé pour former les adverbes?*

R. Ce sont : *commode, commodément ; énorme, énormément ; conforme, conformément ; aveugle, aveuglément ; opiniâtre, opiniâtrément; profond, profondément.*

D. *A quel mot équivaut l'adverbe?*

R. L'adverbe équivaut à une préposition suivie de son régime. Ainsi, *avec sagesse* a la même signification que *sagement.*

D. *Comment est-il possible de distinguer un adverbe d'une préposition ?*

R. La préposition a toujours un régime, et l'adverbe n'en est pas susceptible (2).

REMARQUES SUR QUELQUES ADVERBES.

D. *Quand doit-on supprimer* pas *et* point *dans une phrase négative* (3), *et employer seulement la négation* ne?

R. C'est avec les mots *rien, nul, aucun, personne, ni, nullement, jamais, guère,* et devant *que,* signifiant *seulement.* Exemples : *je ne veux* rien *faire qui vous déplaise : nous* ne *faisons de mal à* personne: *il ne veut étudier ni*

---

(1) Écrivez : patiemment... instamment... languissamment, obligeamment.. différemment.. conséquemment.. ardemment.. galamment.. abondamment.

De quel adjectif est formé cet adverbe ?

(2) La préposition suivie de son régime répond, comme l'adverbe, à l'une des questions *quand, comment, combien, ou?*

(3) Une phrase négative est celle dans laquelle se trouve un de ces adverbes *ne, ne pas, ne point.* Toute phrase qui n'est pas *négative* est *affirmative.*

l'histoire ni la géographie. Ainsi ce serait une faute de dire : *je ne veux* pas *rien faire qui vous déplaise*, etc.

D. *Plus et* davantage *s'emploient-ils indifféremment l'un pour l'autre*?

R. Non; *davantage* ne peut être suivi de la proposition *de*, ni de la conjonction *que*; on ne dit pas : *il a davantage de brillant que de solide*; on dit : *il a plus de brillant que de solide.*

Davantage ne peut s'employer que comme adverbe. Exemple : *la science est estimable, mais la vertu l'est bien* davantage.

D. *Quelle différence y a-t-il entre ces expressions* mal parler *et* parler mal?

R. *Mal parler*, c'est dire des paroles offensantes; *parler mal*, c'est faire une faute contre la grammaire. *Il ne faut ni* mal parler *des absens, ni* parler mal *devant les Grammairiens.*

D. *Comment connaît-on que si est adverbe*?

Si est adverbe quand il est devant un adjectif, un participe passé ou un adverbe. Exemples : si *grand*, si *estimé*, si *sagement.*

D. *Que remarquez-vous sur l'emploi des adverbes* non plus *et* aussi?

R. On doit employer *non plus* quand la phrase est négative, et *aussi* quand la phrase est affirmative. Ainsi *La Fontaine* a fait une faute dans ce vers :

Je ne l'ai pas mauvais *aussi*,
Dit l'autre...

Il fallait dire : je ne l'ai pas mauvais *non plus.*

D. *Est-il indifférent d'employer comme prépositions* sur *et* dessus, sous *et* dessous, dans *et* dedans, hors *et* dehors?

R. Non, *sur, sous, dans, hors*, qui sont des prépositions, ont toujours un régime, comme *il est* sur la *table*, sous *le lit*, dans *la maison*, etc.; mais *dessus, dessous, dedans, dehors*, qui sont des adverbes, ne peuvent pas avoir de régime. Exemple : *on le* cherchait sur *le lit, et il était* dessous.

D. *On parlerait donc mal en disant :* il est *dessus* la table, *dessous* le lit, *dedans* la maison?

R. Oui, il faut dire sur *la table*, sous *le lit*, dans *la maison.* Cependant il y a deux cas où *dessus, dessous, dedans*, etc., peuvent avoir un régime.

D. Dites-moi ces deux cas?

R. Le premier, c'est quand ces adverbes sont précédés des mots *de, au, par;* comme *il passa* par dedans *la ville, il sauta* par dessus *le mur.*

Le second, c'est quand il y a deux de ces adverbes devant un nom. Exemple : *il y a des animaux* dessus *et* dessous *la terre.*

REMARQUES SUR L'ORTHOGRAPHE DE QUELQUES PRÉPOSITIONS ET ADVERBES.

D. Quand met-on un accent grave sur là?

R. On met un accent grave sur *là* adverbe de lieu : *allez-là;* on n'en met point sur *la* article, ni sur le pronom *la.* Mettez aussi un accent grave sur *celui-là, voilà.*

D. Quand met-on un accent grave sur où?

R. C'est lorsqu'il est adverbe : où *allez-vous?* mais on ne met point d'accent grave sur *ou,* s'il peut se tourner par *ou bien : c'est vous* ou *votre frère.*

D. Quand doit-on mettre un accent grave sur à?

R. C'est quand il est préposition : *je vais à Paris.* On n'en met point sur *a* troisième personne du verbe *avoir : il a de l'esprit.*

D. Quand met-on un circonflèxe sur dû?

R. On met un circonflèxe sur *dû* participe du verbe *devoir; rendez à chacun ce qui lui est* dû. Ou n'en met point sur *du* article composé ; *la lumière du soleil.*

D Quand faut-il mettre un accent grave sur dès?

R. C'est quand il peut se tourner par *aussitôt, depuis :* dès *qu'il fut parti;* dès *le commencement.* (1).

DE LA CONJONCTION.

D. Qu'est-ce que la conjonction?

R. La *conjonction* est un mot qui sert à lier une phrase à une autre phrase; par exemple,

____

(1) Ecrivez : passez par *là..* où demeurez-vous? vous allez à Paris *ou à* Lyon.. Vous sortez de l'école *ou* de l'église.. il *a* du mérite.. Il y *a* loin d'ici *là..* il nous est *dû* cent francs par un

quand on dit : *il pleure* et *il rit en même temps*; ce mot *et* lie la première phrase *il pleure* avec la seconde *il rit;* et quand ont dit : *cet homme chante* parce qu'il *est joyeux*, la conjonction *parce que* lie la première phrase *cet homme chante*, avec la seconde *il est joyeux* (1).

D. *Combien y a-t-il de sortes de conjonctions ?*

R. Il y a deux sortes de conjonctions : les simples et les composées.

D. *Quelles sont les conjonctions simples ?*

R. Ce sont celles qui n'ont qu'un mot, comme *mais, car, si, quand, on.*

D. *Et les conjonctions composées ?*

R. Ce sont celles qui sont formées de plusieurs mots, comme *quoique, jusqu'à ce que, afin que, soit que* (2).

---

habitant *du* pays.. *du* pain vous est *dû*.. *dès* le matin je m'occupe à *des* travaux utiles..

Les prépositions, les adverbes, les conjonctions et les interjections ne varient jamais dans leur orthographe.

(1) Dans l'ordre direct, la conjonction se place entre les deux phrases qu'elle lie; exemple: tu mérites une punition, *puisque* tu n'as pas rempli tes devoirs. Mais si, par inversion, on commence par la phrase subordonnée, alors la conjonction se trouve placée à la tête des deux phrases liées par elle. Exemple : *puisque* tu n'as pas rempli tes devoirs, tu mérites une punition.

(2) PRINCIPALES CONJONCTIONS : *et, ne, ni, aussi, que, mais, cependant, néanmoins, pourtant, ou, ou bien, soit, sinon, quoique, comme, de même que, ainsi que, de plus, d'ailleurs, outre que, encore que, car, parce que, puisque, vu que, afin que, de peur que, or, donc, ainsi, de sorte que, quand, lorsque, dès que, tandis que, si, supposé que, pourvu que, en cas que, sans que, soit que, avant que,* etc.

D. Quelles sont les conjonctions qui veulent le verbe qui suit à l'un des temps de l'indicatif ?

R. Ce sont les conjonctions simples, et celles des conjonctions composées qui peuvent se rendre par des conjonctions simples (1).

D. Quelles sont les conjonctions qui veulent le verbe suivant au mode subjonctif ?

R. Ce sont les conjonctions réellement composées, c'est-à-dire, celles qui ne peuvent pas se changer en conjonctions simples. Exemple : *attendons* jusqu'à ce qu'*il* vienne, et non pas *attendons* jusqu'à ce qu'*il* viendra.

D. Quelle est la plus usitée de toutes les conjonctions ?

R. C'est la conjonction *que.*

D. Comment distingue-t-on le que conjonction du que relatif et du que interrogatif ?

R. Le *que* relatif peut se tourner par *lequel, laquelle* : le *que* interrogatif par *quelle chose* ; et le *que* conjonction est toujours placé entre deux verbes, dont le premier est quelquefois sous-entendu. Exemples : *la leçon* que *j'étudie ;* que *demandez-vous ?* je veux qu'il écoute, qu'il vienne.

D. Le que n'est-il pas encore quelquefois adverbe ?

R. Le *que* est adverbe quand il peut se tourner

---

(1) Voici quelques conjonctions qui, quoique *composées* en apparence, sont réellement *simples*, puisqu'elles peuvent se changer en conjonctions simples :

Puisque, parce que, vu que, ainsi que, se tournent facilement par les conjonctions simples *comme, car.*

Lorsque, dès que, pendant que, peuvent se tourner par *quand.* On peut donc dire que les conjonctions simples gouvernent l'indicatif, et les conjonctions composées, le subjonctif.

par *combien*, *pourquoi*, *seulement*. Exemples : que *vous a coûté cette maison*? que *ne veniez-vous*? *Dieu ne punit* que *les méchans* (1).

D. *Que remarquez-vous sur les conjonctions pour et sans suivies d'un infinitif*?

R. Elles ne peuvent s'employer avec cet infinitif que quand il se rapporte au sujet de la phrase. Exemple vicieux :

Sa vie ne sera pas assez longue pour *pouvoir achever les travaux qu'il a commencés*. Dites : pour *qu'il puisse* achever, etc. (2)

D. *Peut-on se servir indifferemment des conjonctions et ou ni dans la liaison des mots employés comme régimes* ?

R. Non, il faut employer *et* quand le premier verbe est affirmatif, et se servir de *ni*, si le 1er verbe est négatif; c'est pourquoi ne dites pas : *il n'a jamais connu l'amitié* et *ses douceurs* ; dites *ni ses douceurs*.

DE L'INTERJECTION.

D. *Qu'est-ce que l'Interjection* ?

R. C'est un mot dont on se sert pour exprimer un sentiment de l'âme, comme *la joie, la douleur*, etc.

---

(1) AUTRES EXEMPLES.

D. *Comment se nomme le qué de cette phrase*; que *faites-vous* ? que *veut-il*? *le livre* que *je lis*.. *les élèves* que *j'instruis*., *je crois* que *vous pleurez*... *il craint* que *vous ne soyez méchant*... que *chacun soit attentif*... que *dit-il*?.. que *n'avez-vous ecouté*?. que *coûte ce chapeau*... *je ne répète* que *mon dû*... que *ne profitez-vous des leçons*? *vous n'arrivez* qu'à *midi*... que *faisaient les enfans* que *nous avons rencontrés*?

(2) Autres exemples incorrects : qu'ai-je fait *pour venir me troubler dans mon repos*. La douleur que je ressens est trop vive *pour pouvoir* manger.

La joie : *Ah ! Bon !*.
La douleur : *Aye ! Ah ! Hélas ! Ouf !*
La crainte : *Ha ! Hé !*
L'aversion : *Fi ! Fi donc !*
Pour encourager : *Ça ! Allons ! Courage !*
Pour appeler : *Holà ! Hé !*
Pour faire taire : *Chut ! Paix !*
Pour avertir : *Hola ! Heim ! Gare !*

D. *Quelles fautes peut-on faire contre les interjections ?*

R. On parle mal lorsqu'on emploie une interjection qui ne se trouve pas dans les dictionnaires ; telles sont : *Deuh-mais ! Choc ! Bot !*

MOTS EXPLÉTIFS ET LETTRES EUPHONIQUES.

D. *Dites-nous ce qu'on entend par mots* explétifs ?

R. Ce sont des mots qui entrent dans une phrase sans être nécessaires au sens, et qui n'y ont aucune fonction de sujets ni de régimes, etc.

D. *Dites-nous quelques phrases où il se trouve des mots explétifs ?*

R. En voici : *il en demeura là. Il ne faut* en *user mal avec personne* (*en* est ici explétif).

Prenez-moi ce mouchoir ; chassez-moi ce drôle ; j'irai moi (*moi* est ici explétif).

D. *Qu'appelle-t-on lettres* euphoniques (1).

R. Ce sont certaines lettres employées contradictoirement aux règles de la grammaire, pour rendre la prononciation plus douce et plus courante. Exemples : *viendra-t-il ? Sortira-t-elle ? Entre quatre-s-yeux* (2). Dans ces phrases, *t* et *s* sont des lettres euphoniques.

---

(1) *Euphonie* signifie son agréable d'une seule voix ; ce mot est opposé à *cacophonie*.

(2) C'est aussi par euphonie qu'on supprime l'e muet dans l'adjectif féminin *grande* placé devant une consonne, comme *grand'chose*, la *grand'messe*, ma *grand'mère* et qu'on préfère *l'on* à *on* après *et*, *si*, *ou* et devant un *c* dur. Exemple : si *l'on* savait où *l'on* va ; ce que *l'on* conçoit bien.

DE LA SYNTAXE.

D. *Qu'est-ce que la Syntaxe?*

R. C'est l'arrangement ou la construction des mots et des phrases, selon les règles de la Grammaire.

PHRASE OU PROPOSITION.

D. *Comment appelle-t-on la réunion de plusieurs mots qui forment un sens complet?*

R. On l'appelle *phrase* ou *proposition*.

D. *De quoi une phrase est-elle composée* (1)*?*

R. La plus petite phrase doit avoir au moins, un sujet et un verbe, et souvent elle a un régime ou complément.

D. *Combien distingue t-on ordinairement de sujets?*

R. Quatre sortes, savoir : le sujet simple, le sujet composé, le sujet complexe et le sujet énoncé par une ou plusieurs phrases qui équivalent à un nom.

D. *Qu'est-ce que le sujet simple?*

R. C'est celui qui ne contient qu'un nom singulier ou pluriel, comme *Pierre étudie*.

D. *Qu'est-ce que le sujet composé?*

R. C'est celui qui contient plusieurs noms, comme *Pierre, Jacques et Jean étudient*.

D. *Qu'est-ce que le sujet complexe?*

R. C'est celui qui est suivi d'une phrase incidente, c'est-à-dire, d'une phrase qui commence ordinairement par des pronoms *qui, que, dont, lequel, ou,* (2) etc.

---

(1) En logique, la phrase est composée d'un sujet et d'un attribut. Le sujet, c'est la personne ou la chose dont on parle; et l'attribut, ce qu'on dit de cette personne ou de cette chose.

(2) Il suffit que le sujet soit accompagné d'un déterminatif quelconque pour devenir complexe. Exemple : le livre de *Pierre* est utile; les hommes *sans instruction* restent ignorés. Les mots de *Pierre* et *sans instruction* peuvent se tourner ici par les phrases incidentes ; qui appartient à Pierre, qui sont sans instruction.

3*

D. *Rapportez-moi quelques exemples de sujets complexes ?*

R. Quand je dis : *Pierre étudie*, le sujet *Pierre* est simple; mais si je dis : *Pierre, que j'aime, étudie;* la phrase incidente, *que j'aime*, ajoutée au sujet *Pierre*, le rend complexe.

D. *Donnez des exemples du sujet énoncé par une phrase ?*

R. *Etre raisonnable vaut mieux que d'être savant. Aimer à obliger et à faire du bien est une qualité qui marque une grande ame.*

D. *Ne distingue-t-on pas aussi trois sortes d'attributs ?*

R. On distingue facilement si l'attribut est simple, ou composé, ou complexe, par les mêmes raisons qui font connaître ces trois sortes de sujets.

D. *Qu'est-ce qu'une phrase simple ?*

R. C'est une phrase dont le sujet et l'attribut sont simples. Exemple : *Paul est heureux.*

D. *Qu'est-ce qu'une phrase composée ?*

R. C'est une phrase dont le sujet ou l'attribut est composé. Exemples : *Charles et Jean sont studieux; Pierre, Jean et Charles sont dociles, studieux et honnêtes* (1).

____

(1) On distingue encore la phrase en *principale* et en *subordonnée*.

La phrase *principale* est celle qui ne dépend ni d'un pronom relatif ni d'une conjonction.

La phrase *subordonnée* est liée à la phrase principale par une conjonction.

EXEMPLES :

Phrases principales,	*Phrases subordonnées.*
Je veux me sauver,	quoiqu'il m'en coûte.

Dieu vous récompensera, *si vous êtes* constamment vertueux.

D. *Quand deux phrases sont liées par une conjonction, laquelle de ces phrases partielles doit se placer la première ?*

R. L'harmonie et la clarté demandent ordinairement que la plus courte de ces phrases marche la première. Exemple : *si vous négligez l'étude, vous serez un homme inutile à la société, et ennuyeux à vous-mêmes* (1).

SINTAXE DES SUBSTANTIFS.

D. *Comment est employé dans une phrase le substantif ou le pronom qui en tient la place ?*

R. Le substantif est, ou sujet, ou régime (2), ou en apostrophe.

D. *Quand le substantif est-il en apostrophe ?*

R. Un nom est en apostrophe quand on lui adresse la parole. Exemples : rois, *soyez attentifs*, peuples, *prêtez l'oreille.*

D. *De combien de sortes de mots le substantif peut-il être régime ?*

R. le substantif peut être régime d'un autre substantif, d'un verbe, d'une préposition, et même d'un adjectif.

D. *Quand un nom est-il régime d'un autre nom ?*

R. Lorsque deux noms sont séparés par la préposition *de*, le second est le régime du premier. Exemple : *le livre* de *Pierre; Pierre* est le régime de *livre* (3).

---

(1) Cette phrase ne serait pas aussi harmonieuse si l'on disait : vous serez un homme inutile à la société et ennuyeux à vous-même si vous négligez l'étude.

(2) On a vu au chapitre du verbe et de la préposition, l'emploi des substantifs en sujets et en régimes.

(3) Ce serait une faute considérable de substituer la préposition *à* à la préposition *de*. Ainsi on parlerait mal en disant *le frère* à *Monsieur, la cuisinière* à *madame*, etc.

DE QUELQUES SUBSTANTIFS A DEUX GENRES.

D. *Quand* aigle *est-il du masculin ?*

R. C'est quand il désigne le plus fort de tous les oiseaux de proie : *un aigle courageux.*

D. *Quand le mot* aigle *est-il féminin ?*

R. C'est lorsqu'il est employé en terme d'armoirie : *l'aigle impériale ; les aigles romaines.*

D. *De quel genre est* amour ?

R. Au singulier, *amour* est masculin : *un fol amour ;* mais il est féminin au pluriel : *mes premières* amours.

D. *Quand le mot* couple *est-il féminin ?*

R. C'est quand il marque seulement le nombre deux : *une couple d'œufs*, etc.

D. *Quand* couple *est-il masculin ?*

R. C'est quand il signifie l'union ou l'accouplement du mâle et de la femelle : *un couple de tourterelles.*

D. *Dites de quel genre est* délice ?

R. *Délice* est masculin au singulier : *c'est un délice de boire frais en été ;* mais il est féminin au pluriel ; *ces enfans sont mes plus cheres délices.*

D. *Dites le genre du mot* enfant ?

R. *Enfant* est masculin en parlant d'un garçon : *c'est un bon enfant ;* mais il est féminin en parlant d'une fille : *la pauvre enfant.*

D. *De quel genre est* exemple ?

R. *Exemple* est toujours du masculin, excepté quand il signifie un modèle d'écriture : *mon maître d'écriture m'a donné une belle exemple à copier.*

D. *De quel genre est* gens ?

R. *Gens* est du masculin lorsque l'adjectif est après : *gens* est féminin quand l'adjectif le précède. Exemple : *les vieilles gens sont soupçonneux.*

On dit cependant, *tous les gens.*

D. *De quel genre est* hymne ?

R. Les *hymnes* qu'on chante à l'église sont du féminin ; partout ailleurs *hymne* est masculin.

D. *De quel genre est* orgue?

R. *Orgue* est masculin au singulier; *un bon orgue; mais au* pluriel, *orgues* est féminin : *il y a de bonnes orgues dans cette église.*

D. *De quel genre est* personne?

R. *Personne* est féminin quand il signifie un homme ou une femme : *cette personne est très heureuse. Personne* est masculin quand il signifie *nul, qui que ce soit; personne n'est content de son état.*

D. *Le genre de* quelque chose?

R. *Quelque chose* est masculin. Exemple : *quelque chose de beau.*

D. *De quel genre est* comté?

R. *Comté* est masculin : *le comté de Vaudémont* (1).

SYNTAXE DES ARTICLES.
SUPPRESSION DE L'ARTICLE.

D. *Savez vous quand on ne doit pas employer le* ar*ticles* des , du , de la , *devant les adjectifs?*

R. C'est quand le nom qui suit cet adjectif est dans un sens partitif. Exemples : *j'ai vu de belles maisons; j'ai bu de bon vin.*

D. *Est-ce qu'on ne pourrait pas dire* : j'ai vu *des* belles maisons; j'ai bu *du* bon vin?

R. Non, car ces noms *maisons* et *vin* sont ici dans un sens partitif, c'est-à-dire qu'ils expriment la partie d'un plus grand nombre de maisons, et d'une plus grande quantité de vin.

D. *On parle donc mal en disant :* faites-moi présent *des* belles pommes de votre jardin; informez-moi *des* bonnes nouvelles que vous avez apprises?

R. Au contraire, on parle très-correctement : l'article est ici indispensable devant l'adjectif, parce que le nom qui suit cet adjectif est dans un sens général et déterminé. C'est d'après le même principe qu'on doit dire : *gardez-vous des faux prophètes; ce marchand s'est défait* des *mauvaises étoffes qu'il avait achetées* (2).

---

(1) On dit cependant *la Comté*, en parlant de l'ancienne province de Franche-Comté.

(2) Dans le sens partitif, on met encore *des* devant l'ad-

D. *Ne supprime-t-on pas aussi l'article après certains adverbes?*

R. C'est après les adverbes de qualité. Exemples : *il a* beaucoup de *chagrin,* peu de *courage;* cependant après l'adverbe *bien* on met l'article : *il a bien* du *chagrin, bien* de *la joie.*

D. *Quand faut-il supprimer l'article devant les noms communs ?*

R. C'est quand ces mots sont en apostrophe. Exemples : *ó rives du Jourdain! ó champs aimés des cieux!*

D. *Devant quelle espèce de noms propres faut-il supprimer l'article?*

R. C'est devant les noms propres d'hommes et de villes (1). Ainsi les enfans font des fautes quand ils disent : *le Nicolas, le Charles,* etc.

LE PLUS, LE MOINS, LE MIEUX,

D. *Comment écrit-on l'article dans ces mots,* le plus, le moins, le mieux, *suivis d'un adjectif ou d'un participe passé?*

R. L'article *le* doit être invariable quand l'adjectif qui suit *le plus, le moins, le mieux,* n'emporte pas de comparaison et qu'il équivaut à *au plus haut degré;* ce que l'on connaît lorsqu'on peut y substituer un superlatif absolu. Exemple : *cette femme ne pleure pas lors même qu'elle est* le plus *affligée; c'est-à-dire lorsqu'elle est très-affligée, affligée au plus haut degré* (2).

D. *Mais si l'adjectif superlatif exprime un rapport, une comparaison?*

R. Alors *le* prend le nombre et le genre de l'adjectif. Exemple: *cette femme ne pleure pas, quoiquell a soit* la plus

---

ectif, lorsque l'adjectif et le nom ne forment qu'un substantif. Exemples : *j'ai rencontré des sages-femmes; j'ai mangé des petits-pois; ce vieillard a des petits fils et des petits-neveux.*

(2) Cependant les noms de villes et d'hommes qui ont été formés de noms communs, gardent l'article, comme *la Chapelle, le Mans, la Ferté, le Roi, le Brun.* On met encore l'article devant le nom de certaines femmes décriées par leurs mœurs dissolues.

(1) Ce père ne punit pas ses enfans, lors même qu'ils sont *le* plus coupables.

affligée : (c'est-à dire *plus affligée que toutes les autres femmes avec lesquelles on la compare*).

D. Quand ces mots le plus, le moins, le mieux *sont placés après un verbe, ne les considère-t-on pas comme purement adverbes ?*

R. Oui, et alors *le* est toujours invariable. Exemples : *les choses qui ennuient* le plus : *les sciences qui me plaisent* le plus *et que je possède* le mieux (au plus haut dégré).

REMARQUES SUR LES ADJECTIFS *demi, nu, conséquent,* ET SUR CETTE LOCUTION *avoir l'air bon.*

D. *Savez-vous quand l'adjectif* demi *ne prend ni genre ni nombre ?*

R. C'est quand il est avant son substantif ; exemples : une *demi*-heure, une *demi*-aune.

D. *Et si* demi *se trouve placé après le substantif ?*

R. Alors *demi* prend le genre du substantif, mais il ne prend pas d'*s* ; exemples : une heure et *demie*, trois jours et *demi*, deux aunes et *demie*.

D. *Comment s'écrit* demie *précédé de l'article* la *ou de l'article* les, *c'est-à-dire quand il est employé comme substantif ?*

R. Si le mot est précédé de l'article *la*, il a un *e* muet : s'il est précédé de *les*, il s'écrit *demies* ; la *demie* est sonnée : cette horloge sonne les *demies*.

D. *Quand l'adjectif* nu *est-il invariable ?*

R. C'est quand il est devant le nom : exemples : *nu* pieds, *nu* jambes, *nu* tête.

D. *Quand* nu *prend-il le genre et le nombre du nom ?*

R. C'est lorsqu'il est après le nom : exemples : il va les pieds *nus*, les jambes *nues*, la tête *nue*.

D. *Quel abus fréquent fait-on de l'adjectif* conséquent ?

R On abuse de *conséquent,* lorsqu'on l'emploie pour *grand, important, considérable* ; ainsi on ne doit pas dire une somme.. une perte.. une maison *conséquente,* un procès *conséquent* : dites une *grande* somme, une maison *considérable,* etc.

D. *De quel genre doit être l'adjectif* bon *dans cette phrase :* votre sœur a l'air bon *ou* bonne

R. Il faut dire : *elle a l'air* bon, *l'air* content, *l'air* gracieux, en faisant accorder l'adjectif avec le substantif *air*.

D. *Mais quand il est question de choses inanimées, doit-on dire, par exemple :* cette poire à l'air *bon* ou cette poire à l'air *bonne ?*

R. Il ne faut pas se servir de ces façons de parler pour les choses inanimées, à moins qu'on n'y joigne le verbe *être;* dites: *cette poire a l'air d'être bonne* (1).

ACCORD DE L'ADJECTIF QUI SE RAPPORTE A PLUSIEURS SUBSTANTIFS.

D. *A quel nombre écrit-on l'adjectif quand il se rapporte à plusieurs substantifs singuliers ?*

R. On le met au pluriel, parce que deux singuliers valent un pluriel. Exemple : *Le roi et le berger sont égaux après la mort ?*

D. *Lorsque les substantifs singuliers sont de différens genres, à quel genre faut-il mettre l'adjectif qui s'y rapporte ?*

R. Alors il faut distinguer si les substantifs sont sujets ou régimes : s'ils sont sujets, on met l'adjectif au masculin et au pluriel. Exemple : *mon père et ma mère sont contens.*

D. *Et si les deux substantifs sont employés comme régimes, soit d'un verbe soit d'une préposition, et qu'ils soient des choses inanimées ? (2)*

R. Si les substantifs sont employés comme régimes, l'adjectif qui s'y rapporte se met au même genre et au même nombre que le dernier de ces substantifs Exemples : *il a les pieds et la tête* nue ; *il trouva les ruis-*

---

(1) Les grammairiens étant peu d'accord sur cette locution, il serait mieux de l'éviter et d'y substituer le verbe *paraître :* *votre sœur paraît contente; cette poire paraît bonne.*

(2) Si les substantifs en régimes étaient des noms de personnes, l'adjectif qui s'y rapporterait se mettrait au masculin pluriel; *j'ai trouvé mon frère et ma sœur bien content.*

seaux et la rivière glacée ; *armez-vous d'un courage et d'une foi* nouvelle. (1)

D. *Lorsqu'un adjectif suit deux substantifs séparés par de, avec lequel des deux doit-il s'accorder ?*

R. L'adjectif doit s'accorder avec le premier de ces noms. Exemples :

Après six mois de temps écoulés, et non pas écoulé.

Après trois heures du jour passées à la promenade.

Après deux jours de la semaine passés en plaisirs.

ACCORD DES ADJECTIFS AVEC LES NOMS PARTITIFS.

D. *Dites ce qu'on appelle noms partitifs ?*

R. On appelle noms partitifs ceux qui marquent la partie d'un plus grand nombre, comme *la plupart de, une infinité de.*

D. *Quand les noms partitifs sont suivis d'un nom pluriel, avec quoi s'accordent le verbe et l'adjectif ?*

R. Ils s'accordent avec le nom pluriel, et non pas avec le collectif partitif. Exemples :

La plupart *des enfans sont légers* ; peu *d'enfans sont attentifs* ; quelle quantité *de régions j'ai parcourues* ; une foule *d'amis sont venus me voir.*

D. *Et si le nom partitif est suivi d'un substantif singulier ?*

R. Alors l'adjectif, le pronom et le verbe s'accordent avec le nom partitif, et non avec le nom singulier qui le suit. Exemples : *une infinité de monde se jeta là-dedans ; une immense* quantité

______

(1) Dans ce cas, il faut placer de préférence le substantif masculin le dernier : *il a la tête et les pieds* nus.

de peuple était présente à ce spectacle ; la plupart du monde prétend (1)

ADJECTIFS QUI ONT UNE SIGNIFICATION DIFFÉRENTE SELON QU'ILS SONT PLACÉS AVANT OU APRÈS LE SUBSTANTIF.

D. *Dites-moi la différence d'un homme* grand *à un* grand *homme.*

R. Un homme *grand* est un homme d'une grande taille, et un *grand* homme est un homme d'un *grand* mérite. Exemple : *comme un acteur marchait sur le bout de ses pieds pour représenter le grand Agamemnon, on lui cria qu'il en faisait un homme grand, et non pas un grand homme.*

D. *Quelle différence y a-t-il entre un homme* galant *et un* galant *homme.*

R. Un homme *galant* est un homme qui cherche à plaire aux dames ; un *galant* homme est un homme qui a de la probité, des manières civiles, une conversation agréable.

D. *Y a-t-il de la différence entre un* honnête *homme et un homme* honnête ?

R. Un *honnête* homme est un homme de probité ; un homme *honnête* est un homme civil et poli.

D. *Quelle est la différence entre un* brave *homme et un homme* brave ?

R. Un *brave* homme est un homme d'honneur, de probité ; un homme *brave* est un homme plein de valeur et de courage.

D. *Y a-t-il de la différence entre un homme* pauvre *et un* pauvre *homme ?*

____

(1) Si *la plupart* se dit *absolument*, il veut le verbe suivant au pluriel. Exemple : *la plupart furent du même avis.*

R. Un homme *pauvre* est un homme qui n'a point de fortune ; un *pauvre* homme est un homme de peu de mérite. La même différence existe entre un *pauvre* écolier et un écolier *pauvre*, un *pauvre* avocat et un avocat *pauvre* ; etc.

D. *Quelle est la différence entre un homme* plaisant *et un* plaisant *homme* ?

R. Un homme *plaisant* est un homme enjoué ; un *plaisant* homme est un homme ridicule. (1).

RÉGIMES DES ADJECTIFS.

D. *Quel est le régime des adjectifs lorsqu'ils en ont un ?*

R. C'est un substantif ou un verbe.

D. *Quelle préposition met-on entre un adjectif et son régime ?*

R. Les prépositions *à* ou *de*. Exémples : *digne* de *récompenses; propre* à *la guerre; habile* à *courir*.

REMARQUES SUR LES ADJECTIFS NUMÉRAUX.

D. *Quels sont les nombres invariables ?*

R. Ce sont les nombres cardinaux. Exemples : *les douze plumes*.

D. *N'y a t-il pas une exception pour les nombres* cent *au pluriel*, et vingt *dans* quatre-vingts *et* six-vingts ?

R. *Cent* au pluriel *et vingt* dans *quatre-vingts, six-vingts*, prennent une *s* lorsqu'ils sont suivis d'un nom. Exemples : *deux* cents *hommes;* quatre vingts *arbres*.

D. *Mais si* cent *au pluriel* et vingt *dans* quatre-vingts *étaient suivis d'un autre nombre ?*

R. Alors ils ne prendraient point d'*s*. Exemples : *trois* cent douze *volumes;* quatre vingt deux francs (2).

___

(1) Un *bon homme* est un homme simple.

Un *homme bon* est celui dont la bonté est éclairée.

(2) *Cent,* employé comme substantif, prend aussi une *s* au

froid fut très-grand en mil sept cent neuf. Ailleurs on écrit *mille*, qui ne prend jamais d'*s*; *deux mille hommes.*

D. *Mais quand* mille *est substantif, c'est-à-dire, quand il exprime une étendue de chemin ?*

R. Alors il faut mettre une *s* au pluriel : *deux* milles *d'Italie font une lieue française.*

SYNTAXE DES PRONOMS.

REMARQUES SUR LES PRONOMS PERSONNELS *lui, eux, elle, soi, le, la, les, me, te, m'y, t'y.*

D. *Que remarquez-vous sur les pronoms* lui, eux, elle, *lorsqu'ils sont précédés d'une preposition?*

R. Lorsqu'ils sont précédés d'une préposition, ces pronoms ne se disent que des personnes et non des choses; ainsi on s'exprimerait mal si, en parlant d'un canif, on disait : *c'est avec* lui *que j'ai taillé ma plume;* il faudrait dire : *c'est avec ce canif que j'ai taillé ma plume.*

D. *Parlerait-on bien en disant d'un arbre, d'une table, d'une maison,* j'étais *sous* lui, *il est assis* près d'elle, il demeure *dans* elle ?

R. Non, il faudrait dire : *j'étais* dessous, *il est assis* auprès, *il y demeure.*

D. *Quand faut-il employer le pronom* soi *au lieu des pronoms* lui, elle ?

R. En général, on se sert du pronom *soi*, quand le sujet est un pronom indéfini, ou un verbe à l'infinitif, ou une chose inanimée. Exemples : *chacun pense à* soi : *on a souvent besoin d'un plus petit que* soi : *n'aimer que* soi *c'est être mauvais citoyen; l'aimant attire le fer à* soi.

D. *Comment distingue-t-on si* le, la, les *sont articles ou pronoms?*

R. *Le, la, les* sont articles quand ils sont devant un nom. Exemples : le *frère,* la *sœur,* les *hommes.*

Ils sont pronoms étant joints à un verbe, comme *je* le *connais, je* la *respecte, je* les *estime, prends-*le.

---

pluriel : *nous sommes trois* cents; *cinq* cents *de paille.* Cent est invariable dans la date des années ; *cet évenement arriva l'an huit* cent.

D. *Quand le pronom le ne prend il ni genre ni nombre?*

R. C'est quand il tient la place d'un adjectif ou d'un verbe.

D. *Si, par exemple, on disait à une dame :* Madame, êtes vous *malade, contente, affligée?* comment *devrait-elle répondre?*

R. Elle devrait répondre : *oui, je le suis* ; parce que *le* tient la place des adjectifs, *malade, contente, affligée* (1).

D. *Mais quand le se rapporte à un substantif ou à un adjectif précédé de l'article, ce pronom est-il encore invariable ?*

R. Alors *le* s'accorde avec ce substantif en genre et en nombre.

D. *Si l'on demandait à une dame :* êtes vous *la malade* dont on m'a parlé ? *Si on demandait à des demoiselles :* êtes-vous les *sœurs* de ce jeune homme ? *comment répondraient-elles ?*

R. La malade répondrait : *je la suis*, et les demoiselles, *nous les sommes* ; parce que *le* pronom se rapporte ici à des substantifs, ou, ce qui est la même chose, à des adjectifs précédés d'un article (2).

D. *Savez-vous quand on ne doit pas négliger de mettre* le, la, les, *devant lui, leur ?*

D. C'est quand le verbe doit avoir deux régimes différens, le premier pour la chose, le deuxième pour la personne. Exemple : *Il vous a prêté sa montre, rendez-la lui*, et non pas *rendez-lui.*

---

(1) Madame de Sévigné n'était pas de ce sentiment, Ménage se plaignait d'être enrhumé, elle lui dit : (*Je la suis aussi.*) Il me semble, répliqua Ménage, que les lois de notre langue demanderaient : *je le suis.* Vous direz comme il vous plaira, repartit-elle ; mais, pour moi, je croirais avoir de la barbe au menton, si je disais *je le suis.*

(2) AUTRES EXEMPLES : êtes-vous *Julie, Thérèse, madame Dupont, la comtesse de...,* Oui je *la* suis

Mais si l'on disait : êtes-vous *comtesse, duchesse, reine,* etc., la réponse serait : *je le suis.* Pour bien sentir cette différence, il faut se rappeler que tout nom commun placé immédiatement après le verbe *être,* est regardé comme adjectif, s'il n'a point d'article ; et que le même nom est regardé comme substantif, s'il a un article. (*Voyez le renvoi de la page* 21).

D. *Est-il indifférent d'employer* me *ou* moi, *entre un impératif et un infinitif?*

R. Non ; on emploie *me*, *te*, quand l'impératif est un verbe neutre. Exemples : *venez* me *voir* ; *va* te *lever.*

On emploie *moi*, *toi*, quand l'impératif est un verbe actif : *laissez* moi *faire* ; *fais*-toi *respecter.*

D. *Qu'and l'usage défend-il d'employer* m'y, *t'y?*

R. C'est après un verbe impératif ; ainsi ce serait une faute de dire : *vous allez à la promenade, menez-m'y* ; *votre carrosse n'est pas plein, donnez-m'y place.*

D. *Comment faudrait-il s'exprimer?*

R. Il faudrait dire *menez-y moi*, *donnez-y moi place* (1).

ACCORD DES PRONOMS.

D. *Avec quoi s'accordent les pronoms?*

R. Les pronoms doivent toujours être du même genre, du même nombre et de la même personne que le nom dont ils tiennent la place. Ainsi, en parlant de la tête, dites : elle *me fait mal* ; *elle*, parce que ce pronom se rapporte à *tête*, qui est du féminin et au singulier. Dites aussi : *ce sont vos affaires comme les* siennes ; je mets *siennes* au féminin pluriel, parce que ce pronom se rapporte à *affaires*, qui est du féminin et au pluriel.

D. *Citez-moi un exemple où l'accord du pronom ne soit pas bien observé.*

R. Un juge fit lever *la main* à un teinturier ; et comme *ceux-ci les* ont ordinairement *noires*, le juge lui dit : *mon ami, ôtez votre gant*, etc.

D. *Montrez-moi les fautes de cet exemple.*

R. Le pronom *ceux-ci* ne peut pas se rapporter au nom singulier *le teinturier*, et le pronom *les* ne se

---

(1) *Menez moi-z-y* ; *envoyez-moi-z-en*, *donnez moi-z-en*, sont des fautes grossières. Dites : *envoyez-m'en*, *donnez-m'en.*

rapporte pas bien au singulier *la main:* Il faut dire : *et comme les teinturiers ont ordinairement les mains noires*, etc. (1)

D. *N'y aurait-il pas une faute du même genre dans cette phrase: renvoyez cet enfant chez eux?*

R. Oui, parce que le pronom *eux* tient la place du nom singulier *cet enfant;* dites chez *lui* ou chez ses parens.

D. *Comment doit-on écrire* même *après les pronoms personnels?*

R. Il prend une *s* au pluriel, et l'on met un trait d'union entre le pronom et *même.* Exemples : *moi-même, nous-mêmes, eux-mêmes.*

D. *Mais si* nous-même, vous-même, *se rapportent à un seul individu?*

R. Alors *même* ne prend point d's. Exemple : *mon fils, allez-y vous-même.*

D. *Comment écrit-on* même *placé après un nom pluriel?*

R. Si l'on peut mettre devant *même* un des pronoms *eux, elles,* il prend une *s.* Exemple : les *scélérats* mêmes *condamnent les vices des autres* (2).

D. *Dites-moi quand les pronoms adjectifs* son, sa, ses, leurs, *ne peuvent pas s'employer pour des choses inanimées.*

R. C'est quand la chose n'est pas dans la même phrase que ces adjectifs.

____

(1) Par la même règle, ne dites pas non plus : *ce grand homme l'emporte sur ceux de la Grèce et de l'Italie;* ni *les grands hommes de l'antiquité sont inférieurs à celui que vous admirez ici.*

(2) *Même* ne prend point d's quand il est employé dans le sens d'*aussi,* de *plus :* nous ne devons pas fréquenter les impies ; nous devons *même* les fuir comme la peste.

D. *Expliquez cela par un exemple.*

R. On dit bien : cette maison a *ses* désagrémens et *ses* incommodités, parce que le pronom *ses* est dans la même phrase que *cette maison*. Mais on ne pourrait pas dire : *cette chambre est commode, quoique son entrée soit obscure*; parce que le pronom *son* n'est pas dans la même phrase que *cette chambre.*

D. *Comment tourneriez-vous cette dernière phrase?*

R. Je dirais : *quoique l'entrée en soit obscure.* On se sert du pronom *en*, au lieu de *son, sa, ses, leur* (1).

D. *Quoique le nom de chose ne soit pas dans la même phrase, ne peut-on pas employer quelquefois son, sa, ses, leur ?*

R. On le peut toutes les fois que ces adjectifs sont précédés d'une préposition ; Ex. : *cette ville est belle ; j'admire la grandeur de ses maisons* (2).

D. Serait-ce parler correctement que de commencer une lettre par ces mots : j'ai reçu *la vôtre* le cinq du courant ?

R. Non ; il faut dire : *J'ai reçu* votre *lettre*, parce que les pronoms *le mien, le tien, le sien, le nôtre, le vôtre, le leur*, supposent toujours un nom qui précède.

---

(1) Autres mauvaises locutions à rectifier :
Paris est beau ; j'admire *sa* grandeur... mon jardin serait agréable, si *ses* allées n'étaient pas trop étroites... je trouve belles vos maisons, mais *leur* situation me déplaît... etc.

(2) En matière de science, on se sert aussi de *son, sa, ses, leur*, quoiqu'ils ne soient pas dans la même phrase que le nom auquel ils se rapportent. On dira d'une d'un triangle, *ses* côtés ; d'un mot, *sa* signification.

ACCORD ET EMPLOI DES PRONOMS RELATIFS.

D. De quel genre et de quel nombre doit être le relatif qui?

R. *Qui* relatif est toujours du même nombre et de la même personne que son antécédent ; ainsi il faut dire : *moi qui* ai *vu*, *toi qui* as *vu*, *nous qui* avons *vu*, *vous qui* avez *vu*, *eux qui* ont *vu* ; *vous êtes le héros qui* a *remporté le plus de victoires* (1).

D. *C'est donc une faute de dire : Bossuet fut un des hommes* qui *illustra le siècle de Louis XIV ; Pierre est un des écoliers* qui *a bien répondu?*

R. Oui ; il faut dire : *Bossuet fut un des hommes qui illustrèrent; Pierre est un des écoliers qui* ont *bien répondu.*

D. *Pourquoi faut-il le pluriel dans ces sortes de phrases?*

R. Parce que l'antécédent du *qui* n'est pas le nom partitif *un*, mais c'est le nom pluriel qui suit *un*. (*Voyez page* 95.)

D. *Que remarquez-vous sur* qui *précédé d'une préposition?*

R. *Qui*, précédé d'une préposition, ne se dit jamais des choses ; il se dit bien des personnes. On dit bien : *l'homme* à qui *j'ai donné ma confiance*; mais on ne peut pas dire : *les sciences* à qui *je m'applique; donner est un mot* pour qui *l'avare a de l'aversion.* Dites : *les sciences* auxquelles *je m'applique*, etc.

D. *Comment sont employés les relatifs* qui *et* que ?

R. *Qui* relatif est ordinairement sujet du verbe devant lequel il est placé, et *que*, régime direct (2).

---

(1) *Écrivez* : ce sera moi qui chanterai... toi qui lisais... lui qui dort... nous qui souffrons... vous qui ferez... toi qui es... eux qui parlent... êtes-vous la personne qui veut me parler... je suis l'élève qui sait le mieux... nous sommes des enfans qui demandent l'aumône... *Peut-on dire :* ce n'est pas moi qui se ferait prier ?

(2) Ainsi le *que* relatif ne doit se placer que devant un verbe actif. Cette phrase : *les plumes que je me sers ne valent rien*, serait une locution très-vicieuse.

REMARQUES SUR LE RAPPORT DES PRONOMS RELATIFS *qui*, *que*, *dont*, *le*, *la*, *les*, *on*, *en*, *celui*, *le mien*, *le tien*, *le sien*, etc. AVEC LEUR ANTÉCÉDENT (1).

D. *Que remarquez-vous sur la construction de ces phrases :* il m'a reçu avec politesse *qui* m'a charmé; rendez-moi *justice*, je vous *la* rendrai ?

R. Je remarque que cette construction est vicieuse , parce qu'un nom commun qui n'est précédé ni d'un article , ni d'un équivalent de l'article, ne peut pas être employé comme antécédent d'un pronom relatif.

D. *Montrez-moi pourquoi cette règle est violée dans ces deux exemples.*

R. C'est parce que les noms *politesse* et *justice*, qui sont les antécédens des pronoms *qui* et *la*, ne sont accompagnés d'aucun article.

D. *Rectifiez ces fautes en joignant à l'antécédent des relatifs un article ou un mot équivalent.*

R. Il m'a reçu avec *une* politesse *qui* m'a charmé ; rendez-moi *la* justice qui m'est due ; je vous *la* rendrai (1).

D. *Quels sont les mots qui , placés devant les noms communs, y sont considérés comme articles ?*

R. Ce sont les nombres cardinaux , les adjectifs possessifs et démonstratifs , et les pronoms indéfinis *tout* , *quelque* , *tel* etc. possessifs , démonstratifs , indéfinis que l'on joint à un nom.

---

(1) A quelque classe qu'appartienne un pronom , il devient *relatif* toutes les fois qu'il se rapporte à un nom exprimé auparavant. (*Voyez la page* 31, |1er *renvoi.*)

(2) Autres exemples incorrects : on fit *trève* pour trois mois *qui* ne dura que trois jours ; il n'est point *d'humeur* à faire plaisir , et la *mienne* est bienfaisante ; je vous fais *grace* quoique vous ne *la* méritiez pas. Il faut dire : on fit pour trois mois *une trève qui* ne dura que trois jours ; il n'est point *d'une* humeur à faire plaisir , et la *mienne* est bienfaisante ; je vous accorde *votre* grâce, quoique vous ne la méritiez pas.

Exemples : *trois* plumes, *nos* habits, *cette* table, *quelque* nouvelle, *tout* homme, etc.

D. *Comment désigne-t-on un nom qui est employé sans article ou sans équivalent de l'article ?*

R. On dit que ce nom et dans une signification *indéfinie* ou *indéterminée* (1).

PHRASES DANS LESQUELLES LE PRONOM RELATIF *qui* EST MAL EMPLOYÉ A LA SUITE DE *c'est, c'était, ce sera*, etc.

C'est à *vous, mon esprit*, à qui *je veux parler.*
C'est en *Dieu* en qui *nous devons mettre notre confiance.*
C'est de *Dieu* de qui *ou* dont *j'attends ma délivrance.*

D. *Pourquoi le* qui *relatif est-il mal employé dans ces sortes de phrases ?*

R. C'est que le *qui* relatif étant précédé d'une préposition, ne peut pas avoir pour antécédent un nom précédé de la même préposition.

D. *Que faut-il mettre à la place de* qui *?*

R. Il faut se servir de la conjonction *que*, et dire : *c'est à vous, mon esprit*, que *je veux parler* ; *c'est en Dieu* que *nous devons mettre notre confiance* ; *c'est de Dieu* que *j'attends ma délivrance;* On dirait bien encore : *c'est vous, mon esprit*, à qui *je veux parler.*

REMARQUES SUR QUELQUES PRONOMS DÉMONSTRATIFS ET INDÉFINIS.

D. *Comment s'emploient* celui-ci, celui-là ?

R. *Celui-ci* s'emploie pour la personne dont on a parlé en

---

(1) Les noms employés sans article ne peuvent recevoir aucun adjectif, ni aucun autre mot déterminatif. Ainsi on parlerait mal en disant: *on va donner son corps en spectacle funeste* ; *il est en bonne pension* ; *il demeure en province de Normandie* ; il faudrait dire: *dans un spectacle funeste, dans une bonne pension, dans la province de Normandie.*

dernier lieu ; *celui-là* pour la personne dont on a parlé en premier lieu. Exemple : *les deux philosophes Héraclite et Démocrite étaient d'un caractère bien différent ; celui-ci riait toujours, celui-là pleurait sans cesse* (1).

D. *Le mot* ce, *placé devant le verbe* être, *veut-il toujours ce verbe au singulier ?*

R. Non ; quand ce verbe est suivi d'une troisième personne du pluriel, il se met aussi au pluriel ; ainsi on dit : *c'est moi, c'est lui, c'est nous, c'est vous qui*, etc. ; mais il faut dire : *ce* sont *eux*, c'étaient *ces femmes*, ce furent *ces enfans*, qui, etc. (2)

D. *Que remarquez-vous sur ces pronoms* quelqu'un, chacun ?

R. On ne dit plus *un quelqu'un, un chacun* ; on dit seulement *quelqu'un, chacun.*

D. *Quand doit-on dire* chacun son, chacun sa, chacun ses ?

R. C'est quand le régime du verbe est avant *chacun.* Exemples : *ces écoliers on fait* des réponses, *chacun selon* son *savoir ; il faut remettre* ces livres-là, *chacun à sa place.*

D. *Quand faut-il dire* chacun leur ?

R. C'est quand le régime du verbe est après *chacun.* Exemples : *ces écoliers ont fait,* chacun *selon* leur *savoir,* les réponses *qu'ils ont pu.*

D. *Et si le verbe était sans régime ?*

R. On mettrait indistinctement *chacun* son ou *chacun* leur.

D. *Qu'elle différence y a-t-il entre ces deux phrases :* Pierre et Antoine se louent *l'un l'autre ;* Pierre et Antoine se louent *l'un et l'autre.*

---

(1) *Celui* ou *celle* ne doit pas être suivi d'un adjectif ou d'un participe ; en parlant de chevaux, on ne pourrait pas dire : ceux vendus *par votre ami*, on dirait *ceux que votre ami a vendus*, ou *ceux qui ont été vendus.*

(2) Dans ces sortes de phrases, le verbe *être* se met au même temps que le verbe qui suit le relatif *qui.* Ainsi il y aurait une faute dans cette expression : c'est *moi qui partirai..* c'est *mon fils qui jouait..* ce sont *eux qui* profitèrent *le plus* ; dites : ce sera *moi qui partirai...* c'était *mon fils qui jouait.... ce furent eux qui* profitèrent.

R. Pierre et Antoine se louent *l'un l'autre*, signifie que Pierre loue Antoine, et qu'Antoine à son tour loue Pierre.

Mais ils se louent *l'un et l'autre*, signifie que chacun donne des louanges à soi-même.

D. *De combien de manières différentes doit-on écrire* quelque.. que?

R. De trois manières : 1° s'il y a un adjectif ou un nom singulier après *quelque*, on écr t*quelque* sans *s*; 2° si *quelque* est suivi d'un nom pluriel, il faut le terminer par une *s* ; 3° et s'il y a un verbe après *quelque*, il faut écrire *quel que* en deux mots détachés, et faire accorder *quel* avec le nom qui suit le verbe (1).

D. Tout *n'est-il pas invariable devant un adjectif, c'est-à-dire, quand il signifie* entièrement ?

R. *Tout* est invariable devant un adjectif ou un participe passé, excepté devant un adjectif féminin qui commence par une consonne. Exemple : *les enfans* tout *aimables qu'ils sont. Ces vins veulent étre bus* tout *purs ;* tout *austère qu'est la vertu; des femmes* tout *éplorées.*

D. *Quand* tout *est devant un adjectif féminin qui commence par une consonne, comment l'écrit-on ?*

R. On le met au même genre et au même nombre que cet adjectif. Exemples : *cette femme est* toute *malade,* toute *honteuse ; elles furent* toutes *surprises de le voir* (2).

***

(1) *Écrivez, quelque* bons que soient vos amis... *quelque* sages que soient ces enfans... ayez *quelque* confiance en moi... il a *quelque* génie... mes plumes *quelque* mauvaises qu'elles soient... *quelques* chevaux... attendez *quelques* jours... *quelque* fondées que fussent mes prétentions.. *quelques* maux que nous endurions *quels que* soient vos talens.. *quels que* puissent être vos talens.. *quel que* soit votre malheur... *quelques* beaux chevaux que vous ayez.. *quelques* mauvaises nouvelles que vous ayez reçues, ne vous désolez point.

Nota. Si comme dans ces deux derniers exemples, l'adjectif est suivi d'un substantif pluriel, *quelque* prend une *s*.

(2) *Tout*, placé devant un nom, en prend le genre et le nombre : tout *le peuple*, tous *les hommes*, toute *la terre*, toutes

D. *Quels modes gouvernent les locutions* quelque..
que *et* tout ... que?

R. *Quelque... que* veut le verbe suivant au mode subjonctif. *Tout... que* le veut au mode indicatif. Exemples :
quelque *savant* que *vous* soyez ; tout *savant* que *vous* êtes.

D. *Dites ceux des pronoms indéfinis qui veulent au
singulier le nom qui le suit.*

R. Ce sont *aucun, nul, chaque.* Ainsi ce serait une faute
de dire : *ne faisons* aucunes *démarches qui* puissent *nous
compromettre* ; dites : *ne faisons* aucune *démarche qui*
puisse *nous compromettre* (1).

ÉQUIVOQUES DES PRONOMS.

D. *Savez-vous quand les pronoms* il, elle, qui, le,
la, les, *et les adjectifs possessifs* son, sa, ses, leur,
font des équivoques dans les phrases?

R. C'est quand ils peuvent se rapporter au sujet ou
au régime. Exemple : *Pierre a dit à Paul de tailler ses
arbres.*—Les arbres de qui? *Il a toujours aimé cette personne au milieu de son adversité.* —Est-ce l'adversité de
lui ou de cette personne (2) ?

---

les vertus. — *Tout*, signifiant *chaque* est invariable ; tout *homme
ment.*

Ecrivez : Tout riches que sont les financiers... *tout* honnête
qu'est votre mère... *toutes* belles que sont vos maisons... *tout*
faibles que sont vos moyens... *tout* silencieux que sont ces hommes... *toutes* sages que sont ces demoiselles... *toutes* plaisantes
qu'étaient vos histoires... *tout* odieuse qu'est cette femme... *tous*
les jours... *toute* la nuit... *toutes* les leçons... *tout* ce qu'il dit...
tous ceux que vous connaissez... *toutes* celles qui parlent... *tout*
citoyen doit aimer son pays.

(1) Plusieurs bons auteurs écrivent *aucuns*, *aucunes* devant les
noms essentiellement pluriels. Exemple: il n'a versé *aucuns* pleurs.

(2) *Henri a imité Charles, dans tout ce qu'il a fait.* — Auquel
des deux se rapporte le pronom *il?* — Il a parlé de son père
d'une manière indigne de *lui.*

D. Comment tourner ces phrases pour éviter toute amphibologie?

R. Si ce sont les arbres de Pierre, dites : *Pierre avait des arbres, il pria Paul de les tailler.* Si les arbres sont à Paul, dites : *les arbres de Paul avaient besoin d'être taillés, Pierre lui dit de les émonder.*

Pour la seconde phrase, dites, selon le sens que vous avez en vue: *quoiqu'il fût dans l'adversité, il a toujours aimé cette personne; ou il a toujours aimé cette personne quoiqu'elle fût dans l'adversité.*

D. Peut-on mettre entre le pronom relatif et son antécédent, des mots qui ne dépendent pas de l'antécédent?

R. Non; il faut que le relatif soit rapproché autant que possible du nom auquel il se rapporte.

D. Pourquoi?

R. C'est afin d'éviter les équivoques qui en résulteraient.

D. Donnez un exemple de cette mauvaise construction.

R. Si je disais : *je vous envoie* une chienne *par ma servante, qui a les oreilles coupées*; on pourrait croire que le *qui* se rapporte *à ma servante,* tandis qu'il doit se rapporter à *une chienne.* Pour éviter l'équivoque, je dirai : *je vous envoie, par ma servante, une chienne qui a les oreilles coupées.* (1)

D. Le relatif qui ne présente-t-il pas encore une amphibologie dans cette phrase : la fille de votre ami, *qui* est si honnête, reviendra ce soir?

R. Cette phrase offre effectivement une équivoque, parce qu'on ne sait si le *qui* se rapporte à la fille ou à votre ami. Il faut dire : *la fille de votre ami, laquelle est si honnête, reviendra ce soir;* ou

____

(1) Autre construction vicieuse : j'ai acheté une maison pour votre sœur, *que* je trouve fort jolie.

la fille de votre ami, lequel *est si honnéte* ; selon le sens qu'on en a vue.

SYNTAXE DES VERBES.

PLACE DU SUJET.

D. *Où se place le sujet ?*

R. Le sujet, avec ce qui en dépend, se place ordinairement avant le verbe ; mais il y a des exceptions.

D. *Dans quelles phrases met-on le sujet après le verbe ?*

R. C'est, 1° dans les phrases interrogatives : *irai-je ? viendras-tu ? Que penseront* vos parens ? 2° Quand on rapporte les paroles de quelqu'un : *je me croirai heureux*, disait un bon roi, *quand je ferai le bonheur de mes sujets.* 3° Quand la phrase commence par *tel*, *ainsi : tel* était son avis ; *ainsi* mourut cet homme.

D. *Si la phrase commence par* aussi, au moins, en vain, peut-être, à peine, *où met-on le pronom sujet ?*

R. On le met après le verbe ; et si c'est un temps composé, il se met entre l'auxiliaire et le participe :

Peut-être *irai-je à Paris ; votre frère est obligeant*, aussi *est-il aimé* ; à peine *fûtes-vous parti qu'il arriva* (1).

---

(1) Pour faciliter aux élèves l'application des règles de ce chapitre, il est à propos de leur faire conjuguer, à tous les temps, quelques verbes sous une forme interrogative.

EXEMPLES :

Sais-je ?	Savais-je ? etc.
Sais-tu ?	
Sait-il ?	Sus-tu ? etc.
Savons-nous ?	
Savez-vous ?	Ai-je su ? etc.
Savent-ils ?	Saurai-je ? etc.

D. *Quand le pronom je est après un verbe qui se termine en e muet, ne change-t-on pas l'e muet ?*

R. On change l'e muet en é fermé. Au lieu de *porte-je bien ? parle-je bien ?* dites : *porté-je bien ? parlé-je bien ?*

D. *L'usage permet-il toujours d'interroger ainsi à la première personne, quand elle ne finit pas par un e muet.*

R. Non ; car le son en serait dur et désagréable ; ne dites pas : *cours-je ? dors-je ?* etc. ; il faut prendre un autre tour et dire : *est-ce que je cours ? est-ce que je dors ?*

D. *Quand le sujet se place-t-il par élégance après le verbe ?*

R. C'est quand le sujet doit être suivi de plusieurs mots qui en dépendent :
Là coulent mille ruisseaux qui distribuent partout une eau claire (1).

ACCORD DU VERBE AVEC LE SUJET.

D. *Avec quoi le verbe doit-il s'accorder ?*

R. Tout verbe doit être du même nombre et de la même personne que son nominatif ou sujet.

Exemples : *je parle, parle* est à la première personne du singulier, parce que *je* son sujet est à la première personne du singulier ; *vous parlez tous deux, parlez* est à la seconde personne du pluriel, parce que son sujet *vous* est à la seconde personne du pluriel.

Parlé-je ?	Dusses-tu ,
Parles-tu ?	Dût-il ;
Parle-t-il ?	Dussions-nous ,
	Dussiez-vous ,
Dussé-je ?	Dussent-ils.

(1) Si l'on disait : *mille ruisseaux, qui distribuent partout une eau claire, coulent là,* la phrase n'aurait ni nombre ni harmonie.

D. *A quelle personne met-on le verbe qui suit le pronom* on?

R. Après *on*, il faut mettre le verbe à la troisième personne du singulier.

Exemple : *Vos frères*, on *les* aime, on *les* estime.

D. *Quand un verbe se rapporte à deux sujets singuliers, à quel nombre met-on le verbe?*

R. On met le verbe au pluriel, parce que deux singuliers valent un pluriel.

Exemple : *mon frère et ma sœur* lisent.

D. *Et si les deux sujets singuliers étaient séparés par* ou?

R. Il faudrait mettre le verbe au singulier :
La crainte ou *l'impuissance les* empêcha *de remuer* (1).

D. *A quel nombre doivent être le verbe et l'adjectif qui suivent l'un et l'autre?*

R. Ils doivent être au pluriel :
L'un et l'autre sont bons.

D. *A quel nombre doit-on mettre le verbe, lorsque les substantifs sujets sont liés par* ni *répété?*

R. S'il n'y a qu'un des deux substantifs qui fasse ou reçoive l'action, on met le verbe au singulier :
Ni *l'une* ni *l'autre de ces femmes* n'est *ma mère.*

D. *Et si les deux substantifs font ou reçoivent en même temps l'action?*

R. Alors le verbe et l'adjectif prennent le pluriel :
Ni *l'or* ni *la grandeur ne nous* rendent heureux.
Ni *ma maison* ni *mon lit ne* sont faits *pour vous* (2).

____

(1) Quand les deux sujets séparés par *ou* sont de différentes personnes, le verbe se met au pluriel, et s'accorde avec la plus noble personne : *Vous* ou *moi partirons; vous* ou *votre ami partirez demain.*

(2) Ni mon frère ni mon cousin *n'obtiendra* le premier prix

D. Comment écrit-on un verbe qui se rapporte à plusieurs sujets de différentes personnes ?

R. On le met au pluriel, et on le fait accorder avec la plus noble personne. La première est plus noble que la seconde, et la seconde est plus noble que la troisième.

Exemples : *Vous et moi* nous lisons : *vous et votre frère* vous lisez.

La politesse française veut que celui qui parle se nomme le dernier. La seconde personne se place avant la troisième.

C'est vous *et* votre père *qui m'avez sauvé la vie ;* et non pas *votre père et vous* (1).

Cependant un père et une mère diront bien : *nous et nos enfans ;* un maître dira ; *moi et mon domestique.*

(Il y a aussi *quelques* maris qui disent : *Moi et ma femme.*)

D. Peut-on changer de personne et de temps dans la même phrase ?

R. Non ; ainsi ce serait une faute de dire :

Nous ne devons pas faire aux autres ce que l'on ne voudrait pas qu'on nous fît ; dites : *nous ne devons pas faire aux autres ce que nous n'aimons pas qu'on nous fasse.*

PLACE DES RÉGIMES.

D. Où se place ordinairement le régime d'un verbe ?

---

de la classe... Pierre et Paul recherchent en mariage cette demoiselle ; mais ni l'un ni l'autre ne *l'épousera*... ni M. le duc ni M. le comte ne *sera* nommé à l'ambassade de Vienne... ni cet homme ni cette femme *n'auront* ma confiance.

(1) Parlerais-je bien en disant : vous et lui *chantent* bien.... lui et moi *aiment* l'étude... ni lui ni moi *n'étaient* dans la maison... votre père, votre frère et moi *sont* malades. . vous et lui *dormira*... votre sœur et vous *étudieront.*

Si le régime est un pronom (1), il se met devant le verbe : *Je* vous *aime*. Si le régime est un nom, il se met après le verbe : *J'aime* Dieu.

D. Quand un verbe est suivi de deux régimes , *l'un direct et l'autre indirect* (2) *, lequel de ces régimes se place le premier ?*

R. On place le régime le plus court le premier.

indirect.   direct.

J'ai donné [*à* mon frère] [un livre fort instructif.]

direct.   indirect.

Il a envoyé [du pain] [à tous ceux qui avaient faim.]

D. Et si les deux régimes sont de même longueur ?

R. Si les deux régimes sont de même longueur, on place le régime direct avant le régime indirect ?

Ainsi il faut dire : *envoyez-le moi* , *apportez les nous* , *et* non pas : *envoyez-moi le* , *apportez-nous-les.*

D. Où place-t-on les prépositions qui , *avec leur régime, expriment une circonstance.*

R. Pour éviter les équivoques , ces expressions doivent être placées près des mots dont elles expriment une circonstance.

Ainsi, au lieu de dire : *les maîtres qui grondent toujours ceux qui les servent* , avec emportement , *sont les plus mal servis :* dites : *les maîtres qui grondent toujours* avec emportement *ceux qui les servent* , *sont les plus mal servis.*

D. N'arrive-t-il pas quelquefois qu'un nom sert de régime à deux verbes , *ou à deux adjectifs à la fois ?*

---

(1) Dans les phrases où il y a deux verbes, il faut placer les pronoms régimes auprès du verbe qui les régit. Exemples : *on ne peut* vous *blâmer* , *te* surprendre, *le tromper; vous pouvez* la lui *donner.* Il ne serait pas très-correct de dire : *on ne vous peut blâmer; on ne te peut surprendre ; vous* la lui *pouvez donner.*

(2) Nul verbe ne peut avoir deux régimes directs, l'un de personnes, l'autre de choses. Ne dites pas : *il l'assura que son père ne lui ferait pas de reproches;* mais dites : *il lui assura que son père* , etc.

R. Un nom peut être régime de deux verbes à la fois, pourvu que ces deux verbes, ne demandent pas un régime différent ; il en est de même du régime des adjectifs.

D. *Appuyez cette règle par des exemples ?*

R. On dit bien : *ce général* attaqua *et* prit *la ville*, parce que le régime *la ville* convient à *attaqua* et *prit* (1) ; mais on ne pourrait pas dire : *ce général* attaqua *et* s'empara *de la ville*, parce que le régime *de la ville*, qui convient à *s'empara*, ne convient pas également à *attaqua*.

D. *Comment peut-on éviter ce vice de construction ?*

R. En donnant à chaque verbe le régime qui lui convient.

Exemple : *ce général attaqua la ville et s'en empara.* En *signifie* de la ville (2).

D. *Citez-moi un exemple où le même nom soit à la fois le régime de deux adjectifs ?*

R. *Cet homme est* utile *et* cher *à sa famille ;* ici, le régime *à sa famille* convient également à *utile* et à *cher ;* mais on ne pourrait pas dire : *cet homme est* utile *et* chéri *de sa famille*, parce que *utile* veut un régime marqué par *à* , et *chéri* veut son régime marqué par *de.* (3)

---

(1) *Attaqua* la ville, *prit* la ville.

(2) Un verbe ne peut régir en même temps un substantif et un que, un infinitif et un substantif.

Ainsi les phrases suivantes manquent de correction : *cet écolier craint les réprimandes, et que ses devoirs ne soient pas bien remplis.*

Il aime la dissipation et à jouer ; dites : *il craint qu'on ne lui fasse des réprimandes et que ses devoirs ,* etc. *Il aime la dissipation et le jeu.*

(3) La même observation s'applique aux prépositions. Ainsi ce serait une faute de dire : *je me promènerai* devant *et* autour *de votre* maison ; parce que *devant* veut un régime direct, et *autour* un régime indirect.

EMPLOI DES TEMPS ET DES MODES.

D. *Comment emploie-t-on le passé défini?*

R. Le passé défini ne s'emploie qu'en parlant d'un temps absolument écoulé, et dont il ne reste plus rien.

D. *Je ferais donc une faute en disant* : Je fus malade aujourd'hui, cette semaine, cette année ?

R. Oui, parce que le jour, la semaine, l'année ne sont pas encore tout-à-fait écoulés.

D. *Comment s'emploie le passé indéfini?*

R. Il s'emploie indifféremment pour un temps passé, soit qu'il en reste encore une partie à écouler ou non.

On dit bien : *j'ai étudié ce matin, tu as étudié hier, cette semaine, la semaine dernière.*

D. *Quand emploie-t-on le mode subjonctif?*

R. On emploie le mode subjonctif, 1° après les verbes qui expriment une volonté, un commandement, un souhait, un désir, un doute, une crainte; 2° après les verbes impersonnels (1); 3° après les conjonctions composées qui ne peuvent se tourner par une conjonction simple.

Exemples : *je veux, j'ordonne, je souhaite, que tu viennes; il faut que je dorme jusqu'à ce que vous soyez de retour.*

D. *Le verbe qui suit une phrase interrogative ou une phrase négative, ne se met-il pas pas aussi au mode subjonctif?*

R. Oui; pourvu que cette phrase interrogative ou négative marque le doute.

Excepté après *il arrive, il paraît, il est vrai, il est certain, il est probable*, qui gouvernent le mode indicatif.

Exemples : croyez vous *qu'il* dise *la vérité ? je ne crois pas que vous* puissiez *partir* (1),

D. *Savez-vous quand les pronoms relatifs* qui, que, lequel, dont, où, *veulent le verbe qui les suit au subjonctif ?*

R. C'est quand ils ont pour antécédent un nom employé dans une phrase qui marque le doute, le désir, l'interrogation ou le commandement; c'est encore quand ils sont précédés d'un superlatif ou d'un de ces mots *premier, dernier, seul, personne, nul, aucun, pas un, peu.*

Exemples : *trouvez-vous un homme qui veuille se charger de cette besogne ?* cherchez *un ami* que *vous* puissiez consulter *au besoin; placez-vous dans un lieu où vous* soyez commodément*; le* meilleur *ami que je lui* connaisse.

D. *Ne doit-on pas quelquefois préférer le mode infinitif au mode subjonctif ?*

R. On doit préférer l'infinitif au subjonctif, toutes les fois que la phrase le permet. Ainsi on dit : *je craignais de le rencontrer*, avec plus d'élégance que *je craignais que je ne le rencontrasse.*

D. *A quel temps du subjonctif faut-il mettre le verbe qui suit le mot régissant le subjonctif ?*

R. Si le premier verbe est au présent ou au futur, on met le second verbe au présent du subjonctif (2); mais si le premier verbe est à un des temps passés ou à l'un des conditionnels, on met le second à l'imparfait du subjonctif.

---

(1) Mais si, par la phrase interrogative ou négative, ou voulait faire entendre qu'on est persuadé que la chose est, alors ou emploierait l'indicatif. Exemples : *savez-vous que j'ai été malade.*

(2) Quoique le premier verbe soit au présent ou au futur, on met le second à l'imparfait, s'il y a dans la phrase une expression conditionnelle *croyez-vous qu'il* vînt, si *je l'invitais.*

Exemples du présent : *je* souhaite *que vous* soyez *poli;* *tu* dormiras *avant qu'il ne* revienne.

Exemples de l'imparfait : *il* voulait, *il voudrait que je di-*nasse chez *lui; j'*ai craint *que vous* ne fussiez *malade* (1).

D. *N'y a-t-il pas un cas où l'on doit mettre le second verbe au présent, quoique le premier soit à l'un des passés?*

R. Oui; c'est quand ce second verbe exprime une vé-rité constante, ou une chose qui existe encore au moment où l'on parle.

Exemple : *Dieu* a voulu *que les enfans* soient *dociles aux avis de leurs parens* (2).

DU PARTICIPE.

D. *Qu'est-ce que le participe?*

R. Le *participe* est un mot qui tient du verbe et de l'adjectif; il tient du verbe en ce qu'il en a la significa-tion et le régime, comme *aimant Dieu, aimé de Dieu.* Il tient aussi de l'adjectif, en ce qu'il qualifie une per-sonne ou une chose, comme *un vieillard* honoré, *une vertu* éprouvée.

D. *Combien y a-t-il de sortes de participes?*

R. Deux, le participe *présent* et le participe *passé.*

D. *Comment s'écrit le participe présent?*

R. Le participe présent est toujours terminé par *ant,*

---

(1) Après *on dirait* qui signifie *il semble,* et après *je ne saurais,* signifiant *je ne puis,* mettez le verbe suivant au présent du sub-jonctif.

(2) Cette règle s'étend aussi au mode indicatif. Exemples : je vous ai déjà dit que la santé *est* le plus grand de tous les biens (et non pas *était*); on a toujours cru qu'il *existe* un Dieu; j'ai trouvé que votre fils *est* fort instruit; nous avons dit que l'adjectif s'accorde avec le substantif.

et il ne prend ni genre ni nombre. Exemples : *un homme lisant*, *des hommes* lisant, *une femme* lisant, *des femmes* lisant.

D. *Tous les qualificatifs terminés par* ant, *sont-ils participes présens* ?

R. Les mots terminés par *ant* sont quelquefois des adjectifs verbaux (c'est-à-dire qui viennent des verbes), et alors ils prennent le genre et le nombre du nom auquel il se rapportent.

Exemples : des hommes *obligeans*, des femmes *obligeantes*.

D. *Comment peut-on distinguer si les mots en* ant *sont participes ou adjectifs verbaux* ?

R. Le participe présent exprime une action; l'adjectif verbal marque seulement la qualité ou l'état du nom auquel il se rapporte.

D. *A quelles autres marques reconnaît-on encore le participe présent* ?

R. Le mot terminé par *ant* est nécessairement participe, 1° quand on peut le faire précéder de la préposition *en*; 2° quand il a un régime direct; 3° quand on peut le remplacer par un autre temps du verbe précédé d'une des conjonctions *comme, puisque, lorsque, parce que,* etc.

EXEMPLES :

Ces enfans sont entrés chez moi, chantant, riant, folâtrant, criant *comme des étourdis.*

Ces hommes sont d'un bon caractère, obligeant *tout le monde, quand ils le peuvent.*

Son innocence éclatant *au grand jour, confondra l'envie.*

D. *A quelle marque particulière reconnaît-on l'adjectif verbal* ?

R. Le qualificatif terminé par *ant* est adjectif quand il peut être précédé d'un des temps du verbe

4*

être, soit qu'il ait, soit qu'il n'ait pas de régime indirect.

EXEMPLES :

J'ai vu des hommes affables, caressans, prévenans, insinuans.

J'ai habité une maison appartenànte *à votre père.*

J'ai acheté une vigne dépendante *de la succession.* (1)

D. *Quand le participe passé n'est accompagné ni du verbe* avoir *ni du verbe* être, *avec quoi s'accorde-t-il?*

R. Il s'accorde, comme un pur adjectif, avec le nom auquel il se rapporte.

Exemples : *un ouvrage* achevé, *une maison* achevée, *des ouvrages* achevés, *des maisons* achevées. *Ces hommes se disaient* vaincus.

RÈGLE UNIQUE SUR LES PARTICIPES PASSÉS (2).

D. *Comment doit-on écrire le participe passé, quand il a un régime direct?*

R. Si le régime direct est placé avant le participe, on faʼt accorder le participe avec le régime : mais si le régime direct est après le participe, ce participe est invariable.

D. *Comment s'écrit le participe passé, quand il n'a pas de régime direct?*

R. Si le participe n'a pas de régime direct et qu'il soit à côté de l'auxiliaire *avoir*, il est invariable ; mais s'il est à côté de l'auxiliaire *être*, il s'accorde avec son sujet (3).

---

(1) On peut dire : j'ai vu des hommes qui sont *caressans* qui sont *prévenans*, etc; une vigne qui est *dépendante*, etc.

(2) Je dis règle *unique*, parce qu'à la rigueur elle suffit pour bien écrire tous les participes, et que les auʼres règles que nous donnons ensuite n'en sont que la répétition ou le développement.

(3) En faisant sur chaque participe passé la question *quoi*, l'élève connaîtra facilement si ce participe a ou n'a pas de régime direct ; si ce régime précède ou suit le participe

Exemples où le régime précède le participe.

La lettre que vous avez écrite, je l'ai lue.
Les livres que j'avais prêtés, on les a rendus.
Combien d'ennemis n'a-t-il pas vaincus ?
Cette femme s'est proposée pour modèle à ses enfans.
Les chimères que cette femme s'est mises dans la tête.

Exemple où le régime direct suit le participe.

J'ai écrit une lettre. Nous avons écrit des lettres. Mes frères ont acheté une belle maison. Les hommes se sont bâti des villes. Cette femme s'est donné la mort. Ces femmes se sont proposé d'enseigner la géographie à leurs enfans.

Exemples où le participe placé à côté de l'auxiliaire *avoir* n'a pas de régime direct.

Mes cousines ont dansé ; elles ont ri ; nous avons joué, et nous avons perdu, ils ont pleuré.

Exemples ou le participe placé à côté du verbe *être* n'a pas de régime direct.

Cet homme sera puni ; cette femme a été (1) *punie.*
Ces hommes sont tombés ; ces femmes sont tombées.
Cette nouvelle s'est répandue promptement.
Ces dames se sont repenties, réjouies (2).

---

(1) Le participe *été* est toujours invariable.

(2) OBSERVATIONS SUR LES PARTICIPES DES VERBES PRONOMINAUX.

Le participe passé des verbes pronominaux s'accorde avec son sujet, toutes les fois qu'on ne peut pas tourner l'auxiliaire *être* par l'auxiliaire *avoir*. Exemple : *cette nouvelle s'est* trouvée *fausse.*

L'auxiliaire *être* peut-il se tourner par *avoir*, distinguez alors si c'est un verbe pronominal *actif* ou un verbe pronominal *neutre*. Si c'est un verbe pronominal actif, examinez la position du régime direct, et rendez le participe variable ou invariable, selon qu'il est avant ou après son régime. Exemples : *cette femme s'est* blessée ; *elle s'est* cassé *le bras.*

Est-ce un des sept verbes pronominaux neutres *se nuire, se parler, se plaire, se complaire, se déplaire, se sourire ; se su-*

DU PARTICIPE PASSÉ SUIVI D'UN INFINITIF.

D. Qu'y a-t-il à observer si le participe passé est suivi d'un verbe à l'infinitif?

R. Il faut voir si le régime qui précède les deux verbes est le régime du participe ou du verbe à l'infinitif. S'il est le régime du participe, le participe s'accorde avec le régime; mais si ce régime est celui de l'infinitif, le participe est invariable.

D. Comment peut-on distinguer aisément si le régime appartient au participe ou à l'infinitif qui le suit?

R. On connaît que c'est le régime du participe, lorsqu'on peut mettre ce régime, c'est à-dire, l'antécédent du *que*, immédiatement après le participe.

Exemples où le régime est celui du participe.
La femme que j'ai entendue *chanter* (J'ai *entendu* la femme chanter.)
La femme que j'ai vue *peindre.* (C'était la femme qui peignait.)
Les femmes que j'ai vues *passer, entrer, sortir,* etc. (J'ai *vu* les femmes passer, entrer, sortir.)
La résolution que vous avez prise *d'aller à la campagne.*
Les soldats qu'on a contraints *de marcher.*

D. Mais si le régime ne pouvait se placer qu'après l'infinitif?

R. Alors ce régime serait celui de l'infinitif, et le participe serait invariable.

Exemples où le régime est celui de l'infinitif.
La chanson que j'ai entendu *chanter.* (On ne peut pas dire : *j'ai entendu la chanson chanter.*
La femme que j'ai vu *peindre.* (On la peignait.)
Les élèves que j'ai voulu *instruire, n'ont pas profité.*

---

céder; le participe est alors invariable. Exemples : *vingt rois se sont succédé; ces dames se sont* parlé, *se sont* souri *et se sont plu,* etc. C'est comme si l'on disait : *ils ont succédé à eux, elles ont parlé à elles, souri, plu à elles,* etc.

Les mesures que vous m'avez conseillé *de prendre.*

La grammaire que j'ai commencé *à étudier* ( ).

(On ne peut dire : *j'ai commencé la grammaire à étudier.*)

D. *Le second verbe à l'infinitif n'est-il pas quelquefois* sous-entendu ?

R. Oui, et alors le participe est invariable.

Je lui ai fait toutes les caresses que j'ai dû (sous entendu *lui faire.*)

Nous lui avons accordé toutes les grâces que nous avons pu (sous-entendu *accorder.*)

Il a obtenu toutes les faveurs qu'il a voulu (*obtenir.*)

PARTICIPE SUIVI DE que.

D. *Comment écrit-on le participe passé suivi de* que ?

R. Le participe suivi de *que* est invariable.

Les mathématiques que vous n'avez pas voulu que j'étudiasse.

Les fautes que vous avez cru que *je faisais.*

La langue anglaise n'est pas aussi difficile que je l'a-vais cru *c'est-à-dire, que je l'avais* cru *qu'elle était.* (Le *que* est sous-entendu.)

Cette femme est plus riche que vous ne l'aviez imaginé (sous-entendu *que elle était.*)

PARTICIPE PRÉCÉDÉ DU PRONOM RELATIF en.

D. *Comment s'écrit le participe précédé du relatif* en *et du verbe* avoir ?

R. Tout participe placé après le relatif *en* et le verbe *avoir* est invariable, à moins qu'il ne soit en outre précédé d'un régime direct. (2)

----

(1) Le participe *laissé*, suivi d'un infinitif, ne doit pas faire une règle particulière ; il suit la règle générale du participe suivi d'un verbe à l'infinitif.

Pour le participe *fait* suivi d'un infinitif, il est toujours invariable, parce qu'il ne présente avec l'infinitif qu'une seule idée à l'esprit. *Les enfants que vous avez* fait *tomber.*

(2) Le participe, précédé du pronom *en*, n'a de régime

Exemples : *il me fallait des livres, j'en ai* trouvé, *j'en ai* acheté. *Je voulais des poires, il m'en a* donné (c'est-à-dire, *de cela de ces choses.*)

D. *Comment faut-il écrire le participe dans ces phrases :* il a fait plus d'exploits que *tu n'en as lu :* il m'a promis plus de services qu'il ne m'*en a rendu?*

R. Le participe doit être invariable; parce que le *que* qui le précède, n'est pas un relatif; c'est une conjonction :

Il a fait des exploits plus que *tu n'en as* lu, etc. (1)

D. *Doit-on dire :* les chaleurs qu'il a *faites,* la disette qu'il y a *eue?*

R. Non; il faut dire : *les chaleurs qu'il a* fait, *la disette qu'il y a* eu; *il s'est* passé *de grandes choses;* parce que le participe des verbes impersonnels est toujours invariable.

D. *Comment écrit-on le participe dans ces phrases :* les jours que j'ai *vécu...* les vingt années que la guerre a duré ?

R. Il est invariable, parce que le *que,* signifiant *pendant lesquels,* n'est pas régime direct ; d'ailleurs le participe d'un verbe neutre conjugué par *avoir* est toujours invariable. (2)

---

direct que lorsqu'il est en même temps précédé d'un des pronoms, *le, la, les, que, nous, vous* ; et ces deux derniers n'indiquent pas même toujours un régime direc.

(1) Placé à la suite du relatif *en,* et du verbe *être,* le participe doit s'écrire comme s'il n'y avait pas de pronom *en : elle s'en est repentie.*

(2) Ainsi les participes des verbes *coûter, valoir,* précédés de *que,* ne sont variables que quand ces verbes sont employés dans un sens actif. Or *coûter* est actif quand il signifie *causer, exiger;* et *valoir* quand il signifie *procurer.*

EXERCICE PRATIQUE SUR LES PARTICIPES PRÉSENS ET PASSÉS.

Écrivez :

Nous vîmes les ennemis *pliant* de tous côtés. — Il se balance sur ses jarrets *plians*. — Je vis des serpens *rampant* autour de moi. — Les serpens sont des animaux *rampans*. — Je les ai vus *édifiant* l'assemblée par leurs discours ; ils tenaient des discours *édifians*. — J'ai vu (chose affreuse !) des enfans *insultant* les vieillards, et j'ai entendu leurs discours *insultans*. — Les flatteurs *rampant* auprès des grands, en obtiennent des faveurs. — Les hommes bas et *rampans* sont vils.

Les récompenses *promises*... les maux *soufferts*... des personnes *connues*... ces femmes se croient *perdues*... elle mourut *abandonnée* de tout le monde... la porte restera *ouverte*... les leçons que j'ai *sues*... l'impiété a *causé* de grands maux... nous avons *lu* les livres que vous nous avez *prêtés* ; nous les avons *admirés* ; nous en avons *profité*... vos sœurs ont *étudié* les leçons que je leur avais *données*... les bonnes actions que tu as *faites*, je les ai *connues* ; les orateurs que nous avons *entendus*, et dont nous avons *lu* les ouvrages, ont *mérité* l'approbation générale... vos frères ont *négligé* la besogne qu'ils s'étaient *imposée*... nous nous étions *proposé* de partir... cette femme s'est *tuée* ; elle s'est *donné* la mort... les blessures que mon fils s'est *faites*... la femme qui nous a *secourus* ; le médecin nous a *guéris*... elles se sont *querellées*... elles se sont *cherché* querelle... nous nous sommes *rendu* des services... elle s'est *coupé* le doigt... elles se sont *donné* la main... que de maux vous vous êtes *attirés* !... combien de choses Dieu a *créées* !... quelle réputation il s'est *faite* !....

Elles ont *joué*, elles ont *ri*, parce qu'elles ont *gagné*; si elles avaient *perdu*, elles auraient *pleuré*... ma sœur a *étudié*, puis elle a *dansé*... la trompette a *sonné*... cette demoiselle a *succédé* à sa sœur... elle ne lui a pas *nui*... les arbres ont *fleuri* en mars... la guerre a *cessé* trop tard... des récompenses seront *données*... cette maison serait *abattue*, *renversée*... ils sont *tombes* dans la rivière... cette charge a été *abolie*; elle ne sera pas *rétablie*... ma raison était *confondue*.. vos grâces m'ont été *retirées*.. ma fille, tu t'es *abusée*... mon ame s'est *troublée*.. mesdames, vous vous seriez *blessées*... elle s'est *montrée* charitable... nous nous y sommes *rendus*... ma mère s'est *aperçue* de son erreur... elle s'est *rendue* invisible.. sa mémoire s'est *perdue*... elles se sont *rencontrées*, elles se sont *parlé*, ensuite elles se sont *tues*... elles se sont *repenties*... elles se sont *vues* et elles se sont *plu*... ils se sont *succédé*.

Les soldats que j'ai *vus* arriver... les enfans que j'ai *vus* courir... la femme que j'ai *entendue* chanter... elles se sont *vues* mourir... les cruches que j'ai *vu* remplir... les leçons que j'ai *entendu* répéter... les enfans que j'ai *vu* punir. . elle s'est *vu* arrêter... les femmes que j'ai *entendues* chanter... la chanson que j'ai *entendu* chanter... ces demoiselles, je les ai *entendues* lire .. ces fables, je les ai *entendu* lire... les avocats que j'ai *entendus* plaider... les affaires que j'ai *entendu* plaider... voilà des fautes qu'il aurait *dû* corriger... la personne que j'ai *vue* écrire. . la lettre que j'ai *vu* écrire... ta sœur nous a *entendus* louer ta mère... elle nous a *entendu* louer par ton frère... elle s'est *regardée* rire dans un miroir... les affaires que j'ai *voulu* entreprendre... la personne que j'ai *vue* battre son chien... la personne que *vu* battre par un brutal... — Il lui a fait toutes les caresses qu'il a *pu* et qu'il a *dû*... la sottise que j'ai *eue* de les croire... les pommes qu'on vous a *données* à manger... les leçons qu'on a *commencé* à répéter... elle s'est *déterminée* à partir... ils se sont *entendu* plaisanter...

la grammaire qu'ils se sont *proposé* d'apprendre... Monsieur, la lettre que je vous ai *entendu* lire, me plaît... la lettre qu'ils se sont *chargés* d'écrire. — Les hommes qu'il a *laissés* sortir... la personne qu'il a *laissée* partir, s'est *laissée* mourir hier... les fautes que nous avons *laissé* commettre... ils se sont *laissé* battre... vos frères, je les ai *fait* rire, je les ai *fait* pleurer... — Les discours que j'avais *prévu* que vous tiendriez... elles ne sont pas aussi bonnes que je l'avais *pensé*, que je l'avais *cru*.., elle est plus sage que nous l'avions *cru*. — Vos poires, j'en ai *mangé*... Il avait de belles pommes, il m'en a *donné*... il m'a promis plus de services qu'il ne m'en a *rendu*... des larmes! j'en ai trop *répandu*. — Les faveurs qu'il en a *obtenues* .. les sommes que nous en avons *tirées*... il nous en a *blâmés*... nous les en avons *prévenus*.. il a bien employé les années qu'il a *vécu*... les jours qu'il a *travaillé* à cet ouvrage... tous les instans qu'elle a *souffert*... — La disette qu'il y a *eu*. . les mauvais temps qu'il a *fait*... les dangers qu'il y aurait *eu*... les hommes qu'il a *fallu* pour ce travail... — Les compagnons qu'ils avaient *crus* *perdus*... ils se sont *rendus* adjudicataires... elle s'est *rendue* caution... ils se sont *faits* soldats... les avantages que leur a *procurés* ce marché... la peine que s'est *donnée* cet homme... cette puissance s'est *rendue* redoutable... les maux que s'est *attirés* cette princesse... ces dames, je les ai *trouvées* raisonnables... les femmes qui ont *parlé*... les enfans qui ont *joué*.

RÉPÉTITIONS.

D. *Quand la répétition des pronoms* mon, ton, son, etc., *est elle nécessaire ?*

R. Ces pronoms doivent se répéter devant chaque substantif. Il faut dire : *son* père et *sa* mère, et non pas *ses* père et mère.

D. *Quand les pronoms* sujets *se répètent-il ?*

R. Ils se répètent avant les verbes qui sont à différens temps ou à différentes personnes ; quand on passe de l'affirmative à la négative, ou de la négative à l'affirmative. Ainsi les phrases suivantes manquent de correction :

Il est timide et l'a toujours été. J'aime cet enfant, et n'entends pas qu'on le tourmente.
Dites : *j'aime cet enfant et je n'entends pas qu'on le tourmente ; il est timide et il l'a toujours été.*

D. *Dites-moi quand la répétition du verbe est nécessaire dans la deuxième partie d'une phrase ?*

R. C'est lorsque le verbe est *actif* dans la première partie, et qu'il doit être *pronominal* ou *passif* dans la seconde.

D. *Citez deux exemples où cette règle soit violée ?*

R. Les indiscrets trahissent les autres et eux-mêmes ; je vous estime, parce que vous méritez de l'être.

D. *Comment faut-il s'exprimer pour le correct ?*

R. Il faut dire, en répétant le verbe :

Les indiscrets trahissent *les autres*, *et se* trahissent *eux-mêmes ; je vous* estime, *parce que vous méritez d'*être estimé (1).

D. *Quand doit-on répéter les prépositions ?*

R. On doit répéter les prépositions devant les mots qui signifient des choses tout-à-fait différentes.

Cet enfant est né pour *le bonheur ou* pour *le malheur de son père.*

D. *Quand ne répète-t-on pas ordinairement les prépositions ?*

R. On ne les répète pas devant les noms qui signifient à peu près la même chose.

M. de Turenne ne perdit point ses jeunes années dans la mollesse et la volupté.

D. *Est-ce là tout ce que vous avez à observer sur les répétitions ?*

R. Il faut encore observer de ne pas répéter sans nécessité le même mot dans une phrase, surtout quand les mots répétés n'y ont pas les mêmes rapports.

CACOPHONIES OU CONSONNANCES.

D. *Qu'appelle-t-on* cacophonies, *en termes de grammaire ?*

R C'est la rencontre de plusieurs syllabes qui ont le même son. On doit les éviter, parce qu'elles sont dures et désagréables à l'oreille.

---

(1) Plusieurs grammairiens estimés veulent qu'on répète encore le verbe dans le deuxième membre d'une phrase, quand on passe de l'affirmative à la négative, et réciproquement ; d'autres pensent que cette répétition et d'autant moins nécessaire, qu'elle fait languir le discours, et que nos grands écrivains ne s'y sont point astreints.

D. Citez-nous-en quelques-unes ?

R. C'est de Dieu que nous tenons le pain dont nous nous nourrissons.

Je vous prie de demander des nouvelles des dégâts de la grêle.

Il alla à Athènes. Il jeta ta tabatière sur ta table.

D. Comment peut-on éviter ces cacophonies ?

R. En prenant une autre tournure. Dites, par exemple :

C'est Dieu qui nous donne le pain que nous mangeons; demandez, s'il vous plaît, quels dégâts la grêle a causés; il se rendit à Athènes; il jeta votre tabatière sur votre table.

RIME.

D. Quand la rime est-elle un défaut ?

R. La rime est un défaut lorsqu'on écrit en prose. Pour l'éviter, on se sert d'autres termes équivalens.

Exemples où l'on rime mal à propos.

Les eaux jaillissantes sont plus vives et plus réjouissantes que les tranquilles et les dormantes.

On ne sait ce que c'est que l'esprit, ni quel en est le prix.

ÉQUIVOQUES.

D. Que faut-il encore éviter en parlant, soit en écrivant ?

R. Il faut éviter les équivoques; c'est-à-dire, les mots et les expressions à double sens.

Exemples d'équivoques.

Je regarde votre amitié comme le plus grand des avantages que vous puissiez me faire. (On croit entendre *désavantage, préjudice.*

Le plus grand des plaisirs que vous puissiez me faire, c'est de m'écrire souvent. (Il semble qu'on dise : le plus grand *déplaisir, chagrin.*)

Mon cousin est à l'armée (alarmé, épouvanté).

(*Voyez les équivoques des pronoms et des adjectifs possessifs, page 108.*)

DE QUELQUES FIGURES DE GRAMMAIRE.

D. Nommez quelques-unes des figures de la grammaire que l'on rencontre fréquemment dans notre langue ?

R. Ce sont le *pléonasme*, l'*ellipse*, l'*inversion*, la métaphore, l'*antithèse*, et les *synonymes*.

D. Qu'est-ce que le pléonasme ?

R. C'est un mot superflu que l'on peut retrancher sans que le sens de la phrase soit altéré.

Exemples : *voilà un coffre propre à y mettre des papiers.*

Il est impossible que je puisse sortir.

J'ai mal à ma tête. De la neige blanche. *Une bûche* de bois. *Monter* en haut. *Descendre* en bas. *Reculer* en arrière. *Un cadavre* inanimé. *Elle n'a pas plus de dents* à la bouche.

D. Le pléonasme est-il toujours un défaut ?

R. Non ; le pléonasme n'est plus un défaut quand il sert à donner plus de force au discours.

Je l'ai vu de mes propres yeux.

D. Qu'est ce que l'ellipse ?

R. C'est le retranchement de quelques mots qui seraient nécessaires pour la régularité de la phrase, mais que l'esprit sous entend facilement.

Je t'aimais inconstant ; qu'aurais-je fait fidèle ?

(Sans ellipse on dirait : *je t'aimais quoique tu fusses inconstant ; avec quelle ardeur ne t'aurais je pas aimé, si tu avais été fidèle.*

Quand viendra-t-il ? Demain (Sous entendu *il viendra.*)

D. Qu'appelle-t-on une inversion ?

R. On dit qu'il y a une *inversion* dans la phrase, lorsque les mots n'y sont pas tous placés dans l'ordre direct (1).

---

(1) Dans l'ordre direct, on énonce d'abord le sujet avec ce

Il fut *de ses sujets* le vainqueur et le père.
On ne peut *au lecteur* plaire sans agrément.
Sur les bords fortunés de l'antique idalie,
Lieux où finit l'Europe et commence l'Asie,
S'élève *un vieux palais par le temps* respecté (1).

D. *Qu'est-ce qu'une métaphore ?*

R. C'est une figure qui transporte un mot de sa signification propre à une signification figurée.

Une riante *prairie; un* torrent *de délices;* noircir *la réputation de quelqu'un; la grammaire est la clef des sciences.*

D. *Qu'est-ce que l'antithèse ?*

R. *L'antithèse* consiste à opposer dans une phrase des pensées les unes aux autres pour leur donner plus d'éclat.

Tous les hommes sont sujets à la mort, les grands *comme* les petits, les rois *comme* les bergers, les riches *comme* les pauvres. *On nous* maudit, *et nous* bénissons; *on nous* persécute, *et nous* souffrons; *on nous* dit des injures, *et nous* répondons par nos prières.

D. *Qu'est-ce que les synonymes ?*

R. Ce sont des mots qui signifient à peu près la même chose, comme *besogne, ouvrage, travail; écolier, élève; honnête, poli.*

D. *Quels défauts doit-on éviter relativement aux synonymes ?*

R. Il ne faut pas employer dans une phrase un synonyme qui n'ajoute rien à l'idée exprimée.

Ainsi, en disant : *quels* pleurs *et quelles* larmes *ne répandent-ils pas!* le synonyme *larmes* est vicieux. Autres ex. :

---

qui en dépend, ensuite le verbe, puis le régime, s'il y en a un, et enfin les modificatifs qui indiquent le temps, le lieu, la cause et les autres circonstances de l'action.

(1) Sans inversion on dirait : *un vieux palais, respecté par le temps, s'élève sur les bords fortunés de l'antique Idalie, dans ces lieux où l'Europe finit et ou l'Asie commence.*

Les corps après la mort sont réduits en cendre *et en* poussière.

Il y a dans ce monde tant de malheureux *et tant de* misérables !

Ces mots *poussière* et *misérables* n'ajoutent rien à la pensée.

D. *Quand les synonymes sont-ils une beauté dans le discours ?*

R. C'est lorsqu'ils renchérissent sur le précédent.

Va, cours, vole *où l'honneur t'appelle.*

REMARQUES DÉTACHÉES

SUR QUELQUES PARTIES DE L'ORTHOGRAPHE.

D. *Qu'est-ce que l'orthographe ?*

R. C'est la manière d'écrire les mots d'une langue.

SUBSTANTIFS

D. *N'y a-t-il pas ordinairement un moyen facile de savoir par quelle lettre doit se terminer un nom ?*

R. Oui ; on connaît la terminaison du nom par le mot dont il est dérivé.

DEMANDES.	RÉPONSES.
plomb ?	Par un *b* : il vient de plomber.
parfum ?	Par une *m* : il vient de parfumer.
chemin ?	Par une *n* : il vient de cheminer.
camp ?	Par un *p* : il vient de camper.
accord ?	Par un *d* : il vient d'accorder.
hasard ?	Par un *d* : il vient de hasarder.
abus ?	Par une *s* : il vient d'abuser.
refus ?	Par une *s* : il vient de refuser.
mépris ?	Par une *s* : il vient de mépriser.
souhait ?	Par un *t* : il vient de souhaiter.
saut ?	Par un *t* : il vient de sauter.
rang ?	Par un *g* : il vient de ranger.
sang ?	Par un *g* : il vient de sanguin.
fusil ?	Par une *l* : il vient de fusiller.
galop ?	Par un *p* : il vient de galoper.
récit ?	Par un *t* : il vient de réciter.

Par quelle lettre doit se terminer

D. Les noms masculins terminés par une l moulliée s'écrivent-ils comme les noms féminins qui ont cette terminaison ?

R. Non ; pour les noms masculins il ne faut qu'une *l*, le *cercueil* ; mais pour les féminins on met deux *ll* et un *e*, la *feuille* (1).

D. Que remarquez-vous sur les substantifs féminins terminés par té, *comme la* bonté, *la* fierté, *etc.*

R. Les noms féminins en *té* n'ont qu'un *e*, excepté ceux qui viennent d'un verbe, et ceux qui marquent le contenu de quelque chose ; Exemple : la *montée*, une *hottée* (2)

D. Les noms terminés par eur *prennent-ils un* e *muet ?*

R. De tous les noms en *eur*, il n'y en a que quatre qui finissent par un *e* muet ; ce sont l'*heure* la *demeure*, le *beurre*, le *leurre* (3)

D. Par quelle lettre se terminent les substantifs et les adjectifs en ier ?

R. Ils se terminent par un *r*. Les noms de profession finissent aussi par *ier* ou par *er*.

Exemples : un *panier*, un *cerisier*, un *pommier*, un *plâtrier*, un *boulanger* (4).

D. Que remarquez-vous sur les noms qui commencent par déf ?

---

(1) *Écrivez* le sommeil... le réveil... la citrouille... la bataille... la mitraille.. un écbreuil... une grenouille.

(2) La cherté.. la clarté.. la divinité.. la pureté... la dictée.. une charretée... une entrée.

(3) La liqueur... la saveur... la hauteur... la rigueur... la douceur... la pâleur.

(4) Il y a quatre noms en *ier* qui n'ont point d'*r* ; ce sont le pied, la moitié, la pitié, l'amitié.

R. Ils ne prennent qu'une *f* ; exemple : *défaut* ; mais ceux qui commencent par *dif*, et ceux dont la seconde lettre est une *f*, prennent deux *f*.

Exemple : *affaire*, *difficile* (1).

D. *Comment se terminent au singulier* cours *et ses composés* discours, secours, *etc.*, *aussi bien que* velours *et* ours ?

R. Ces noms ont toujours une *s* au singulier comme au pluriel ; mais la *cour*, et les autres noms en *our*, n'ont d's qu'au pluriel.

NOMS COMPOSÉS.

D. *Comment écrit-on un nom composé d'un substantif et d'un adjectif.*

R. Le substantif et l'adjectif prennent la marque du pluriel.

Exemples : *un gentil-homme, des gentils-hommes ; un chat-huant, des chats-huants.*

D. *Et quand un nom est composé de deux substantifs joints par une préposition ?*

R. Alors il n'y a que le premier des substantifs qui prenne la marque du pluriel.

Exemples : *des pelles-à-feu, des arcs-en-ciel, des pommes-de-terre, des mouches-à-miel.*

D. *Et si le nom est composé d'un substantif précédé d'une préposition ou d'un verbe ?*

R. Alors le substantif seul se met au pluriel.

Exemples : *des gardes-fous, des cure-dents, des contre-danses.*

D. *Comment écrit-on le pluriel de noms formés de verbes, d'adverbes, de prépositions ou de conjonctions ?*

R. Ces noms se terminent au pluriel comme au sin-

---

(1) Excepté *afin*, *Afrique*, *éfourceau*, *if*.

5

Exemples : *vos si, vos quoi m'ennuient.* (1)

D. *Quand doit-on employer les lettres capitales ?*

R. On se sert de capitales pour commencer un nom propre, une phrase et un vers. Mais si les noms propres sont employés *adjectivement*, ils ne prennent pas de lettres capitales.

Exemples : *les soldats* français.

ADJECTIFS.

D. *Comment écrit-on l'adjectif* feu *au féminin ?*

R. Il est invariable quand il est placé devant un article ou un pronom possessif.

Feu *la reine*, feu *ma mère.*

Mais il prend un *e* muet s'il est après l'article ou le pronom possessif :

La feue *reine*, ma feue *mère.*

D. *Quand met-on un circonflèxe sur* le *mot* sur?

R. C'est quand il signifie *assuré*, *vrai*, *certain.*

Cela est sûr, *j'en suis* sûr.

Mais on n'y en met point quand il signifie *acide, aigret.*

Un fruit sur.

On n'en met point non plus sur la préposition *sur* :

Il est sur *la place.*

D. *Le mot* mur, *signifiant muraille, a-t-il un circonflèxe?*

R. Non ; mais on met un circonflèxe sur l'adjectif *mûr.*

Un fruit mûr, *une poire* mûre (2).

---

(1) *Écrivez :* il a mis dans cette phrase trois *car*, deux *que*, et trois *de* ; ce sont des *on-dit*, des *peut être* ; vous êtes des *pince-sans-rire*, des *meurt-de-faim.*

(2) Pour l'orthographe des verbes, voyez pages 59, et pour l'orthographe de certains adverbes et prépositions, voyez page 82.

L'APOSTROPHE (').

D. *Quand faut-il supprimer la voyelle dans les petits mots* le, la, je, me, te, se, de, ne, que, ce, si?

R. C'est quand le mot suivant commence par une voyelle ou une *h* muette; mais à la place de la voyelle retranchée, on met une apostrophe.

Ainsi, on dit : *j'aime* pour *je aime; on t'estime* pour *on te estime*, etc.

LE TRÉMA (").

D. *Quand doit-on placer deux points sur les voyelles* i, u, e?

R. C'est lorsque ces lettres doivent être prononcées séparément de la voyelle qui précède, c'est-à-dire, quand elles doivent commencer une autre syllabe, comme dans *haïr, Saül, ambiguë, Esaü.*

LA CÉDILLE (¸).

D. *Quand doit-on mettre une cédille sous le* ç *devant* a, o, u?

R. C'est quand le *c* doit avoir le son d'une *s.*
Exemples : *façon, leçon, reçu, façade.*

LA PARENTHÈSE ().

D. *Qu'est-ce que la parenthèse?*

R. On appelle ainsi deux crochets entre lesquels on renferme quelques mots détachés :
Celui qui néglige d'apprendre (dit le sage), *tombera dans le mal.*

LE TRAIT D'UNION (-).

D. *Quand doit-on mettre un trait d'union après le verbe?*

R. C'est quand le verbe est suivi d'un pronom personnel et des pronoms *ce, on* :

Irai-je? viendras-tu? achevera-t-il? a-t-on fait? prenez-en, etc.

Il se place encore entre deux mots tellement joints ensemble qu'ils n'en font plus qu'un :

Avant-coureur, chef-lieu, tout-à-fait.

On l'emploie aussi devant et après *ci* et *là*.

Exemples : *celle-ci, celle-là, ci-dessus, là-haut.*

DE LA PONCTUATION.

D. *Qu'est-ce que la ponctuation?*

R. C'est l'art de placer à propos les points et les virgules.

D. *Quels sont les signes de la ponctuation?*

R. Ce sont la virgule (,), le point-virgule (;), les deux-points (:), le point seul (.), le point exclamatif (!) et le point interrogatif (?).

D. *Où se place la virgule?*

R. La virgule se place entre les substantifs, les adjectifs et les verbes qui se suivent sans se modifier.

Exemples :

Le cœur, l'esprit, les *mœurs*, tout gagne à la culture.
Il faut régler *ses goûts, ses travaux, ses plaisirs;*
Mettre *un but* à sa course, *un terme* à ses désirs.
Dans un chemin *montant, sablonneux, malaisé,*
Et de tous les côtés au soleil *exposé,*
    Six forts chevaux tiraient un coche.
Femmes, moines, vieillards, tout était descendu;
L'attelage *suait, soufflait, était rendu* (1).

---

(1) On ne met pas de virgule devant les conjonctions *et, ni, ou,* à moins que le nom, l'adjectif, le verbe devant lequel elles se trouvent placées, ne soit suivi d'une phrase un peu longue.

D. *Où s'emploie encore la virgule?*

R. La virgule se place encore, 1° après un membre de phrase qui en f.it attendre un autre.

Exemples : *quand un élève remplit ses devoirs, il est estimé de tous ses condisciples.*

2° Entre plusieurs phrases courtes dont le sens est fini, mais qui rapportent au même objet.

Exemples : *j'y cours en soupirant, j'arrive, je lui tends la main, je lui adresse la parole, il ouvre un œil mourant, il expire.*

D. *Quels sont les mots ou réunions de mots qui, dans une phrase, doivent toujours se placer entre deux virgules?*

R. On doit mettre entre deux virgules les mots et toutes les portions de la phrase que l'on peut en retrancher sans en dénaturer le sens.

D. *Quelles sont les parties d'une phrase que l'on peut en retrancher sans en altérer le sens.*

R. Ce sont les noms en apostrophe, les interjections, les circonstances de temps, de lieu, de manière, etc., les phrases incidentes explicatives (1), les petites phrases *dit-il, dis-je, répondit-il, répliqua-t-il,* etc.

Exemples :

Soldats, *suivez-moi. Venez,* mes enfans, *je vous enseignerai la sagesse. Je crains bien,* hélas! (2) *qu'il ne fréquente de mauvaises compagnies. Je travaillerai,*

---

(1) La phrase incidente ne se met pas entre deux virgules quand elle n'est que déterminative, c'est-à-dire, quand elle ne fait que restreindre ou déterminer la signification du mot auquel elle se rapporte. La raison, c'est qu'on ne pourrait pas l'ôter de la phrase principale sans altérer le sens de celle-ci. Exemple : *tout écolier qui s'applique beaucoup fait des progrès rapides.* Il est clair qu'en retranchant la phrase incidente, le sens de la principale ne serait plus le même.

(2) Au lieu d'une virgule, on met souvent un point exclamatif à la suite d'une interjection.

autant que je pourrai, *à me corriger de mes défauts.
Prenez garde*, nous disait-il, *de vous livrer à l'ivro-
gnerie. Nous fûmes, pendant plusieurs jours, le jouet
des vents et des flots. Le père*, dans l'excès de sa douleur, *devint insensible. Pourquoi mon frère Jean*, qui
vous a rendu tant de services, *est-il l'objet de vos ou-
trages?*

D. *Où met-on le point-virgule?*

R. Il se place à la fin d'une phrase dont le sens est
complet, mais suivie d'une autre phrase qui en dépend.

Exemple : *Il est bon que les enfans s'amusent quelquefois : mais il ne faut pas que les querelles, les con-
testations, les batteries se mêlent à leurs jeux et a leurs
amusemens.*

D. *Quand met-on deux points à la fin d'une phrase?*

R. C'est quand elle est suivie d'une autre phrase qui
sert a la développer ou à l'éclaircir.

Exemples :

Il faut, autant qu'on peut, obliger tout le monde :
On a souvent besoin d'un plus petit que soi.
Il ne se faut jamais moquer des misérables :
Car qui peut s'assurer d'être toujours heureux.

D. *Quel signe de ponctuation employe-t-on lorsqu'on
va citer les propres paroles de quelqu'un, et après une
proposition générale suivie de détails?*

R. On emploie les deux points.

Exemples : *un célèbre médecin disait, au lit de la
mort :* je laisse après moi trois grands médecius : le travail, la sobriété et l'exercice.

D. *Quand met-on le point seul à la fin d'une phrase?*

R. C'est quand cette phrase est indépendante de celle
qui la suit, ou qu'elle n'a avec elle que des rapports
vagues.

D. *Où ce place le point interrogatif?*

R. On le met à la fin d'une phrase qui interroge.
Où demeurez-vous? Que fait-il? Pourquoi riez-vous?

D. *Et le point exclamatif où se met-il ?*

R. Il se met à la fin d'une phrase qui marque l'admiration, la surprise, la crainte, la pitié, etc.

Que Dieu est bon ! Que les méchans sont à plaindre ! Malheureux ! redoute mon indignation (1).

MÉTHODE PRATIQUE POUR EXERCER LES ÉLÈVES A LA PONCTUATION.

L'instituteur doit avoir un cahier sur lequel il aura copié, *sans points et sans virgules*, quelques morceaux choisis dans nos bons ouvrages de littérature en prose, tel que *Télémaque*, etc. Les élèves seront tenus de copier à leur tour ce cahier *non ponctué*, mais en rétablissant les signes de la ponctuation. A la correction de chaque devoir, le maître exigera que l'élève applique, sur chaque signe, la règle de ponctuation en conformité de laquelle ce signe a été employé.

Pour varier les exercices, il pourra quelquefois demander l'application des règles sur des livres bien ponctués.

DE LA PRONONCIATION (2).

Le *c* ne se fait point sentir dans *broc* de vin, *marc* (poids), *lacs* (piège, lacet).

Caen se prononce *Can.*

D, à la fin d'un mot, sonne sur la voyelle qui suit comme un *t.* Exemple : *un grand homme ;* prononcez comme s'il y avait *grant.*

---

(1) Nous ne donnons ici que les règles générales de la ponctuation. Pour approfondir cette partie de la grammaire, les jeunes maîtres liront avec fruit l'excellent traité de ponctuation de M. Lequien.

(2) On ne donne ici que deux ou trois remarques sur ce chapitre ; c'est des instituteurs, du premier âge principalement, que les enfans doivent prendre la bonne et véritable prononciation ; l'usage est aussi un grand maître.

L'*f* finale ne se prononce point dans *cerf*, mais elle se prononce dans *serf*, esclave. Elle se fait sentir dans le singulier de *bœuf*, *œuf*, *nerf*, (excepté dans *du* bœuf *salé*, *un* œuf *dur*, *un* nerf délicat) : elle est aussi muette dans le pluriel de ces trois noms.

Gn se prononce comme en latin, dans les mots *gnome*, *gnostique*, *progné*, *igné*, *inexpugnable*, *stagnant*.

G final sonne comme un *k* sur la voyelle suivante : *sang et eau*, *long hiver*.

H est aspirée dans *héros*, et muette dans *héroïne* et *héroïsme*.

Ph se prononce comme une *f* : *philosophie*, *sphinx*.

L mouillée : quand il y a un *i* placé devant deux *ll*, on prononce comme s'il y avait encore un *i* après ces *ll*. Exemples : *fille*, *bouillon*, *briller* (1); souvent la simple *l*, précédée d'un *i*, est aussi mouillée : *travail*, *œil*, *soleil*, *mil*, (millet).

L finale ne sonne point dans *sourcil*, *outil*, *baril*, *fusil*, *chenil*, *gril*, *gentil*, excepté dans *un gentilhomme*; il s'écrit au pluriel *gentils-hommes*, et on prononce *gentizhommes*.

O ne se fait point sentir dans *faon*, *Laon*, (ville), *paon*, qu'on prononce *fan*, *Lan*, *pan*. Le mois d'*août* se prononce *oût* : *Taon* se prononce *ton* ; *Saône* se prononce *Sône*.

S entre deux voyelles se prononce comme un *z* :

Excepté dans *ville*. *Achille*, *tranquille*, *imbécille*, *mille*, *pupille*.

maison, *poison*, *rose*, *amuser* ; excepté dans *présence*, *présupposer*, *monosyllabe*, *parasol*, où elle a le son ferme.

Ti suivi d'une voyelle se prononce comme *ci* : *position*, *ambutation*, excepté quand il est précédé d'une *s* ou d'un *x digestion*, *mixtion*.

T final ne se prononce pas dans *respect*, *aspect*, même quand le mot suivant commence par une voyelle ou une *h* muette : prononcez *respect humain*, *aspect agréable*, comme s'il y avait *respec humain*. etc.

Qu a le son de *cou* dans *aquatique*, *équateur*, *équation*, *in-quarto*, *quadragénaire*, *quadragésime*, *quadrature*, *quadrupède*, *quadruple*, etc.

X se prononce comme une *s* dans *Auxerre*, *Bruxelles*, *Aix*.

Ai a le son de l'é fermé, 1° dans *j'ai*; 2° dans les premières personnes singulières des passés définis de la première conjugaison ; 3° à toutes les premières personnes des futurs. Ainsi *j'ai*, *je chantai*, *je lirai* se prononcent *je*, *je chanté*, *je liré*, etc.

Ayant, *ayons*, *ayez*, se prononcent *ei-iant*, *ei-ions*, *ei-iez*.

Oi se prononce comme *oa*. Ainsi *moi*, *toi*, *trois*, *je bois*, *foi*, *armoire*, se prononcent presque comme s'il y avait *moa*, *toa*, *je boa*, *troa*, *armoare*.

Dans la prose, les diphtongues *ia*, *ie*, *io*, *ian*, *ion*, etc. ne forment ordinairement qu'une syllabe ; dans les vers, elles en forment presque toujours deux.

MÉTHODE
POUR L'ANALYSE GRAMMATICALE.

Rien ne contribue plus aux progrès des élèves, dans l'étude d'une langue, que de les exercer à rendre raison de tous les mots d'une phrase.

D'abord on se borne à leur demander à quelle partie du discours appartient chacun de ces mots; si c'est un substantif, un adjectif, un article, un pronom, un verbe, etc.; mais, à mesure que la somme de leurs connaissances s'augmente, on doit exiger que, sur chaque mot, ils fassent l'application des règles qui y sont relatives; que, par rapport au noms, ils en spécifient l'espèce, le genre et le nombre; qu'en parlant d'un adjectif, ils désignent aussi à quel genre et à quel nombre il se trouve, le nom dont il marque la qualité. Quand au pronom, ils doivent indiquer le nom dont il tient la place, quel est l'antécédent des relatifs. S'il est question d'un verbe, ils en feront connaître le temps, le mode, la personne et le nombre, ils diront encore si ce verbe est actif, passif, neutre, pronominal, impersonnel; quels en sont le sujet et les régimes. On leur fait observer que le même mot peut appartenir à différentes parties du discours, tel, par exemple, le mot *en*, qui est pronom, s'il peut se tourner par *de lui*, *d'elle*, etc.; préposition, s'il peut se tourner par *dans*, et conjonction, si l'on peut le rendre par *comme*; tel est encore le mot *si*, qui est adverbe devant un adjectif, et conjonction s'il n'est pas devant un adjectif, un participe passé, un adverbe, etc., etc., etc.

MODÈLE D'ANALYSE POUR LES COMMENÇANS.

Les hommes sages auront beaucoup d'estime pour vous, car vous remplissez exactement vos devoirs.

Lés	Article.
HOMMES	Nom commun, parce qu'il convient à tous les hommes.
SAGES	Adjectif, parce qu'on peut dire *homme* sage, *personne* sage.
AURONT	Verbe, parce qu'on peut dire *j'*aurai, *tu* auras, *il* aura, etc.
BEAUCOUP	Adverbe répondant à la question *combien* ?
D'	D' pour *de*, préposition.
ESTIME	Non commun, au féminin singulier.
POUR	Préposition.
VOUS,	Pronom personnel.
CAR	Conjonction.
VOUS	Pronom personnel, à la 2ᵉ personne.
REMPLISSEZ	Verbe : on peut dire *je* remplis, *tu* remplis, etc.
EXACTEMENT	Adverbe, répondant à la question *comment* ?
VOS	Adjectif possessif.
DEVOIRS.	Nom commun, au masculin pluriel.

MODÈLE D'ANALYSE POUR LES ÉLÈVES PLUS AVANCÉS.

Le vertueux Titus disait autrefois à ses amis : hélas ! j'ai perdu ma journée, puisque je l'ai passée sans faire aucun bien.

LE	Article simple au masculin sing.
VERTUEUX	Adject'f au masculin sing., parce qu'il qualifie *Titus*.
TITUS.	Nom propre au masculin sing., employé comme sujet du verbe *disait*, parce qu'il répond à la question *qui est-ce qui ?* faite sur ce verbe.
DISAIT	Verbe *dire* à l'imparfait de l'indicatif, 3° personne du singulier ; c'est un verbe actif de la 4° conjugaison. (Comment le conjugue-t-on à tel temps ?)
AUTREFOIS	Adverbe de temps : il répond a la question *quand ?*
A	Préposition.
SES	Adjectif possessif au masculin pluriel.
AMIS :	Nom commun au masculin pluriel, employé comme régime indirect du verbe *disait*, parce qu'il répond à la question *à qui ?* disait *à qui ?*
HÉLAS !	Interjection qui marque la douleur.
J' POUR JE	Adjectif personnel à la 1re personne du singulier. *J'* est employé comme sujet du verbe *ai perdu*.
AI PERDU	Verbe *perdre* au passé indéfini, 1re

personne du singulier ; c'est un verbe actif de la 4ᵉ conjugaison.

MA   adjectif possessif au féminin singulier, parce qu'il est joint à *journée*.

JOURNÉE,   Substantif commun au féminin sing., il est employé comme régime direct du verbe *j'ai perdu*, parce qu'il répond à la question *quoi*; j'ai perdu *quoi?*

PUISQUE   Conjonction qui lie la phrase *j'ai perdu ma journée* avec la phrase suivante.

JE   Pronom personnel à la 1ʳᵉ pers. du sing., sujet du verbe *ai passé*.

L' POUR LA   Pronom pers. à la 3ᵉ pers. du sing.; régime direct du verbe *ai passé*. *Le*, *la*, *les* sont pronoms (et non articles), quand ils se trouvent davant un verbe. Le pronom *la* tient ici la place du nom *la journée*.

AI PASSÉE   Verbe *passer* au passé indéfini, à la 1ʳᵉ personne du sing.; c'est un verbe actif (quelquefois neutre); il est de la 1ʳᵉ coujugaison

SANS   Préposition.

FAIRE.   Verbe actif au présent de l'infinitif; il est de la 4ᵉ conj., et le régime de la préposition *sans*. (Comment le conjugue-t-on à tel temps?)

AUCUN   Pronom indéfini qui s'accorde avec *bien*.

BIEN.   Substantif commun au masc. sing.; employé comme régime direct du verbe *faire*, parce qu'il répond à la question *quoi*, faite sur ce verbe : *faire quoi?* aucun bien.

TABLEAU

DE QUELQUES LOCUTIONS VICIEUSES, SUIVIES DE LA CORRECTION. (1)

GENRES.

Il y a plusieurs substantifs dont le genre est *douteux* pour un grand nombre de personnes, c'est-à-dire, qu'elles font *masculins* des noms qui sont *féminins*, et réciproquement : en voici quelques-uns sur le genre desquels on se trompe fréquemment.

Les noms suivans sont masculins.

Abyme, acte, air, almanach, amadou, amidon, âne, anniversaire, arrosoir, article, as, astérique, automate, autel, automne, babil, battoir, cigare, chanvreé, décombres, épinard, épisode, esclandre, espace, éclair, éloge, emblême, emplâtre, échantillon, étang, exercice, évantail, évangile, érable, érysipèle, hôpital, hôtel, incendie, indice, intervalle, isthme, ivoire, légume, mânes *des morts*, monticule, ongle, oracle, outil, orchestre, oratoire, parafe, pleurs, rambour, rouge-gorge, saule, sourcils, uniforme, ustensiles.

Les noms suivans sont du genre féminin

Alcove, alonge, après-midi, après-soupée, après-dinée, antichambre, argile, atmosphère, auge, courroie, dent, ébène, écaille, entrave, glu, horloge, idole, immondice, levée (au jeu de cartes), optique, orge, ouïe, outre, perdrix, réglisse, sentinelle.

---

(1) On ne répétera pas, dans ce tableau, ce qui a déjà fait l'objet de quelques-unes des règles ou des observations de cette grammaire.

NOMBRES.

Ne dites pas :	Il faut dire :
Ils sont à *leurs* aises.	Ils sont à *l'*aise, à *leur* aise.
Vous monterez *les escaliers.*	Vous monterez *l'*escalier. (On monte les degrés).
Il a *les gouttes*, *les fièvres.*	Il a *la* goutte, *la* fièvre.
Le tailleur d'habits m'a prêté *son ciseau.*	*Ses* ciseaux, *les* pincettes, *les* mouchettes.
J'ai pris la *pincette* pour raccommoder le feu, et *la mouchette* pour moucher la chandelle,	Ces sortes d'instrumens à deux branches n'ont point de singulier.
Il a fait *ses* prémières communions.	Il a fait *sa* première communion.
J'ai entendu sonner *les angelus :* on a dit *les angelus.*	J'ai entendu sonner *l'angelus ;* on a dit *l'angelus.*

SUBSTANTIFS.

Une *amelette.*	Une *omelette.*
Une *apparution.*	Une *apparition.*
Une *apparoi.*	Une *cloison.*
Un *apprentier.*	Un *apprenti.*
Il s'est commis un *assassin.*	Il s'est commis un *assassinat.*
C'est un *assassineur.*	C'est un *assassin.*
Faire des *âties.*	Faire des *façons*, des *manières.*
Un *balançoir*,	Une *balançoire.*
Nous en avons trois de *bosse* dans le partage.	Nous en avons trois de *reste.*
La *boisure.*	La *boiserie.*
La *brodure.*	La *broderie.*
La *berne* de la route.	La *berge* de la route.
Des *belzamines* (fleurs).	Des *belzamines.*
Une *bande* de lard.	Une *flèche* de lard.
Passer le *barque.*	Passer le *bac.*
Un *bouge* de vendange.	Une *cuve* de vendange.
Une *bure.*	Un *feu de joie.*

Ne dites pas :	Il faut dire :
Un *bignet.*	Un *beignet.*
Un *biqui.*	Un *biquet* (petit de la chèvre).
Ces enfans jouent à la *bolotte,* à la *barre,* à la *cachette.*	Ils jouent à *colin-Maillard,* aux *barres,* à *cligne-musette.*
Donnez m'en un petit *brin,* une petite *écaille,* un petit *peu.*	Donnez-m'en *un peu.*
De la *castonade.*	De la *cassonade.*
Une *charpagne.*	Une *corbeille,* un *panier.*
Un *calonier* un *colidor.*	Un *canonnier,* un *corridor.*
Des *caneçons,* une *charmine.*	Des *caleçons,* une *charmille.*
Du *calton,* des *nentilles.*	Du *carton,* des *lentilles.*
Du *charpi.*	De *la charpie.*
Du *chi-de-fil.*	Du *ligneul* (fil ciré de cordonnier).
Une *chanlate.*	Le *chenal,* le *chéneau.*
Un *corps-pendant.*	Les *conduits,* les *tuyaux.*
Des *corps de* fourneau, de fontaine.	Des *tuyaux* de fourneau, de fontaine.
Le *cosson* a acheté mon beurre et mes œufs.	Le *coquetier,* etc.
De la *cochonnade.*	De la *viande de porc.*
Apportez de la *clarté.*	Apportez de la *lumière.*
Un *couvot.*	Un *couvet.*
Il a une belle *corporence.*	Une belle *corpulence.*
Des *couchages,* des *plumons.*	Des *lits,* des *lits de plumes.*
La *couverte* d'un lit, d'un livre, d'une maison.	La *couverture* d'un lit, d'un livre, d'une maison.
Le *couvert* d'un pot, d'une écuelle.	Le *couvercle* d'un pot, etc.
Le *cramail* de la cheminée.	La *crémaillère.*
Des *culs-de-chien.*	Des *nèfles.*
Il y a du *déchoit* sur cette marchandise.	Il y a du *déchet.*
Une *échevette* de fil.	Un *écheveau.*
De l'*éléxir.*	De l'*élixir.*
C'est un *embrouillamini* épouvantable.	C'est un *brouillamini.*

Ne dites pas :	Il faut dire :
Des *esseins*, des *esselins*, des *essendres* (on en couvre les toits).	Des *bardeaux*, des *esseaux*.
Il a de l'*estoc*.	Il a du *génie*.
Les *étroubles*, les *étoubles*.	Les *esteubles*, les *éteules*.
On ne peut pas charpenter sans faire des *ételles*.	Sans faire des *copeaux*.
Il gèle à pierre *fente*.	Il gèle à pierre *fendre*.
Cet homme a le *fil*.	Cet homme est *rusé, fin*.
Un *flat* de rubans.	Un *nœud* de rubans.
Avoir la *fringale*.	Avoir une *faim canine*.
Il a une grosse *frimousse*.	Il a une *grosse trogne*.
Donne-lui une *gaffe*, une *giffe*.	Donnez-lui un *soufflet*.
Faire le *garçon*.	*Se divertir*.
Il a des *gelures* aux pieds et aux mains.	Il a des *engelures*.
Un *gagnage* de dix paires.	Un *corps de ferme*.
Le *gisier* d'un oiseau.	Le *gésier* d'un oiseau.
On a mis de la *grève* sur la route.	On a mis du *gravier*.
Il y a un *hallier*, une *rabaissée* à côté de la maison.	Il y a un *hangar*, une *remise*.
Un *jeu d'eau*.	Un *jet d'eau*.
Une *indigession*.	Une *indigestion* (le *t* dur.)
Une *laveuse de lessive*.	Un *lavandière*.
Un *larmier* de cave.	Un *soupirail*.
J'irai à la *mair-rie*.	J'irai à la *mairie*.
C'est un *mésentendu*.	C'est un *mal entendu*.
Des *mignotises* (fleurs).	Des *mignonnettes*.
Un *mors* de pain, de viande.	Une *bouchée* de pain, etc.
Ma *Mizelaine*, mon *boige*, ma *tridaine*, sont au *foulan*.	Ma *bure*, ma *tiretaine* sont au *foulon*.
Midi *sont* sonnés.	Midi *est* sonné.
Voilà une belle *mirjolure*.	Une belle *enjolivure*.
C'est un *montignon*.	C'est un *montagnard*.
Ce *mouton* nous donnera de la pluie.	Ce *nuage* nous donnera de la pluie.
Voilà un beau *moule* à imiter.	Voilà un beau *modèle*.
Nous aurons une *nuée*.	Nous aurons un *orage*.

Ne dites pas :	Il faut dire :
Nous sommes invités à un *parti* de bois, de chasse, etc.	A une *partie* de bois, à une *partie* de chasse.
Du *pain enchanté*.	Du *pain à cacheter*.
Des *pattes*, des *frapouilles*.	Des *chiffons*.
Les *pâturaux* du village.	Les petits *pâtres*.
Le *plâtreur*.	Le *plâtrier* (qui fait, qui vend du plâtre.)
Des *pesseaux*, *pesseler* les vignes.	Des *échalas*, *échalasser* les vignes.
Un *poulmonique*.	Un *pulmonique*.
Une *pierre d'eau*.	Un *évier*.
Un *pissaulit*.	Un *pissenlit*.
La *pouillotte*.	La *nuque du cou*.
Je vous attendrai au *quart* ou à la *quart* de la rue.	Au *coin* de la rue.
Il est *trois quarts* pour six heures.	Il est six heures moins un *quart*, ou cinq heures *trois quarts*.
Une *rallonge*.	Une *allonge*.
Une *rang* de porcs.	Un *tét* ou un *toît* à porcs.
C'est toujours la même *rangaine*.	C'est toujours la même *turelure* ou *turlure*.
Cet écolier a fait le *renard*.	Il a fait l'*école buissonnière*.
On lui a fait une fâcheuse *rebiffade*.	Une fâcheuse *rebuffade*.
Ils ont eu des *raisons*.	Ils ont eu un *démélé*.
Cette vaporeuse a souvent des *renvois*.	Elle a des *rapports*.
Faites enlever ce *rebout*.	Faites enlever ces *décombres*, ce *plâtras*.
Donnez-lui une *rincée*, une *roulée*.	Donnez-lui une *correction*.
J'irai *la semaine qui vient*.	*La semaine prochaine*.
J'ai mangé de la *semouille*.	J'ai mangé de la *semoulle*.
Ce *sonnage* est beau.	Cette *sonnerie* est belle.
Il se place dans les *staux* pour chanter la messe.	Dans les *stalles*.
Le *sucre* des fruits, des fleurs.	Le *suc* (le jus)

Ne dites pas :	Il faut dire :
J'en ai une bonne *tapée*, une bonne *affaire*, pour la peine tout plein.	J'en ai *beaucoup*, j'en ai une grande *quantité*.
Un *tandelin*.	Une *tinette* de vendange.
Une *toie* d'oreiller.	Une *taie* ou un *têt* d'oreiller.
De la *terre grasse*.	De la *terre glaise*.
Un *tourne-feuillet*.	Un *signet* (prononcez sinèt).
Aller *au trac*.	Aller *traquer*.
J'ai pris 50 oiseaux dans ma *tendue*.	Dans ma *tenderie*,
Les *tergettes* de ma fenêtre.	Les *targettes*.
Un *toe* d'arbre.	*Tronc* d'arbre.
Une *tonne* de harengs.	Une *caque* de harengs.
La *touche* de ma montre.	L'*aiguille* de ma montre.
Il fait *touffe*, l'air est *touffe*.	La chaleur est *étouffante*.
Une *trochée* de pommes de terre.	Un *trochet* de pommes de terre.
Pêcher à la *trouble*.	Pêcher à la *truble*.
Un *trou*, un *tro* de chou.	Un *trognon* de chou.
Une *veilleuse* (fleur d'automne.)	Un *colchique*.
Il y a des *vers* dans ce fromage.	Il y a des *mites*.
La saison des *versaines*.	La sole des *jachères*.
Une *villette*, une *viette*.	Une *vrille* (outil pour percer).
Voilà bien de la *vitaille*.	Voilà bien de la *victuaille*.
Une *volette*.	Un *clayon*, une *éclisse*.

ARTICLES.

L'homme-là, *l'enfant-là*, *la maison-là*, *ste chambre-là*, *l'homme-ci*, *la femme-ci*, *la table-ci*, *ste table-ci*.	*Cet homme-là*, *cet enfant-là*, *cette maison-là*, *cette chambre-là*, *cet homme-ci*, *cette femme-ci*, *cette table-ci*.

(On ne doit pas employer *ici* pour *ci*; ainsi, on ne dit jamais : *cette table ici*, *cette année ici*, *ce temps ici*.)

Ne dites pas :	Il faut dire :
J'ai chaud *les* pieds, *les* mains.	J'ai chaud *aux* pieds, *aux* mains.
J'ai froid *les* doigts, *les* pieds, *les* mains, *la* tête.	J'ai froid *aux* doigts, *aux* pieds, *aux* mains, *à la* tête.
J'ai mal *la* gorge, *les* dents, *la* tête, *les* yeux, *le* genou, *la* jambe.	J'ai mal *à la* gorge, *aux* dents, *à la* tête, *aux* yeux, *au* genou, *à la* jambe.

ADJECTIFS.

Ne dites pas :	Il faut dire :
Sentir le *brûle*, le *roux*.	Sentir le *brûlé*, le *roussi*.
Ce fourneau est *bon et chaud;* voilà une *bonne grosse* poire; il a une *bonne grosse* bédaine. (*Retranchez* bon, bonne, *ou substituez-y* très.)	Ce fourneau est *très-chaud :* voilà une *très-grosse* poire : il a une *grosse* bédaine.
Cela est *frais*.	Cela est *beau*.
Ce vase est *casuel*.	Ce vase est *fragile, cassant*.
Cette chambre est *clarteuse*.	Cette chambre est *bien éclairée*.
Voilà une femme *déhontée*.	Voilà une femme *éhontée*.
C'est une grosse *dondaine*.	C'est une grosse *dondon*.
J'étais *droit* à la messe; je suis las d'être *droit*.	J'étais *debout*; je suis las d'être *debout* (1).
Chipoteur, chipoteuse.	*Chipotier, chipotière*.
Ce vin est *fier;* cette pomme est *fière*.	Ce vin est *vert* ou *dur;* cette pomme est *acide, aigre*.
Crapi : pomme *crapie*, visage *crapi*.	Pomme *ratatinée*, visage *flétri*.
Cet homme est *fortuné* (pour exprimer ses richesses).	Cet homme est *riche*.
Cet homme est *grêlé*.	Cet homme est *taché de la petite vérole*.
Cet homme est *maladieux*.	Cet homme est *maladif*.

---

(1) Qu'un homme se garde bien de dire : *je suis lasse*.

Ne dites pas:	Il faut dire :
Fa're le *farot*, le *joli cœur*, son *embarras*, le *fignolant*, le *Jacques*.	Faire le *pimpant*, le *suffisant*, l'*élégant*.
Des fruits *talés*.	Des fruits *cotis*, *meurtris*.
Il n'est jamais *galé*.	Il n'est jamais *prêt*.
Une chambre, une maison bien *airée*.	Une chambre bien *aérée*.
C'est un *bambocheur*; il a fait hier *ses bamboches*, *ses farces*.	C'est un *buveur*, un *débauché*; il fit hier *la débauche*.
Il a l'air *minable*.	Il a l'air *misérable*.
C'est une rue *passagère*, un chemin *passager*.	C'est une rue *passante*, *fréquentée*, un chemin *passant*, etc.

PRONOMS.

Il faut le renvoyer chez *eux*.	Il faut le renvoyer chez *lui*, chez ses parens.
Nous irons, *nous deux* ma cousine.	Nous irons, ma cousine *et moi*.
Vous irez vous promener, *vous deux* votre frère.	Vous irez vous promener, *vous et* votre frère.
Je *n'y* ferai plus.	Je n'y *retomberai plus*.
Je *leur-s y* en ai parlé.	Je *leur* en ai parlé.

VERBES.

Qu'avez-vous déjeûné? qu'avez-vous *diné?* — *que souperons*-nous?	*Qu'avez-vous mangé* à votre *déjeûné*, à votre *diné?* — *que mangerons* nous à notre *soupé?*
J'ai déjeûné du café, *j'ai diné* un poulet (1).	*J'ai pris* du café, *j'ai mangé* un poulet.
Étes-vous déja *diné*, *soupé?*	*Avez-vous* déjà *diné*, soupé?

---

(1) *Déjeûner, dîner, goûter, souper,* étant des verbes neutres ne peuvent point avoir de régime direct.

Ne dites pas :	Il faut dire :
Nous *avons* tombé, ils *ont* sorti, nous *avons* arrivé *à* bonne heure (1).	Nous *sommes* tombés, ils *sont* sortis, nous *sommes* arrivés *de* bonne heure.
Nous nous *avons* battus. — quand vous vous *aurez* bien querellé (2).	Nous nous *sommes* battus. — quand vous vous *serez* bien querellés.
Mettez-vous assis ; donnez vous la peine de vous asseoir.	*Asseyez-vous,* s'il vous plaît.
Appeler des noms à quelqu'un.	*Donner des sobriquets* à quelqu'un.
Je suis *areinté.*	Je suis *éreinté.*
Cette mégère m'a *assauté,* m'a *agonisé.*	Cette mégère m'a *dit mille injures.*
Baliez cette chambre ; ôtez les *baliures.*	*Balayez* cette chambre, *emportez les balayures.*
Bassoter, bassoteur, bassotage.	*Saveter* un ouvrage, mauvais ouvrier, celui qui s'occupe à des riens.
Je l'ai fait *bisquer.*	Je l'ai fait *pester, fumer, enrager.*
Il met tout *à blanc et toc, en bringue.*	Il *casse, brise, frippe* tout.
Bracher.	*Crier, piailler.*
Braquer du chanvre avec une *braque,* instrument.	*Broyer* du chanvre avec le *brisoir.*
Il a *caponné,* il a fait le *capon.*	Il s'est montré *lâche, poltron.*
Chamboler, chaucher, chigner.	*Chanceler, affaisser, pleurnicher.*
Chiquer les vivres.	*Manger à plaisir.*
Je me suis *choqué* en approchant le feu.	Je me suis *brûlé.*
Il a *cordelé* mon bois, j'ai payé le *cordelage.*	Il a *cordé* mon bois, j'ai payé le *cordage.*
Nous avons *décampé* hier, *débagagé.*	Nous avons *déménagé,* changé de logement.

(1) Voyez la 1ᵉ question de la page 67.
(2) Voyez page 60, 4ᵉ demande.

Ne dites pas :	Il faut dire :
Je vous *demande* excuse.	Je vous *fais* mes excuses , je vous demande pardon.
Je *couserai*, je *couserais*.	Je *coudrai*, je *coudrais*.
Cueiller; j'ai *cueillé* des pommes.	*Cueillir*, j'ai *cueilli*.
Je *cachete*, je *cacheterai* ma lettre.	Je *cachette*, je *cachetterai*, (prononcez je *cachaite*... je *cachaiterai*).
Demietter du pain.	*Émietter* du pain.
Ils se sont *disputés* pendant un quart-d'heure.	Ils se sont *querellés*, *injuriés*.
Écoffer des poids, des fèves.	*Ecosser* des pois , en ôter les *écosses* (1)
Vous *m'embétez*.	Vous *m'ébétez*.
Hier au soir je suis revenu trop tard de la veillée, j'ai été *enfermé devant la porte*.	J'ai trouvé la *porte fermée*.
Entasser la *lessive*.	*Encuver* la *lessive*.
Cette ruche *jettera* aujourd'hui , nous aurons un *jeton*.	Cette ruche *essaimera*, nous aurons un *essaim*.
Foiner, *foineur*.	*Faner*, *faneur*.
Foncer une porte.	*Enfoncer* une porte.
Ils ont *fricoté*, *fait fricot*.	Ils ont *fait grande chère*.
Il m'a *gouré*! j'ai été *gouré*.	Il m'a *trompé*, j'ai été *trompé*.
Il vous en fera voir des *grises*.	Il vous *maltraitera* fortement.
Griffer ; — *grimouler*.	*Egratigner* ; — *grommeler*.
Il me *grigne* les dents.	Il me *grince* des dents.
Je vous *observe* que...	Je vous *fais observer* que...
Il s'est arrêté pour *pencher* de l'eau.	Pour *lâcher de l'eau*, pour uriner.
Pincher, — *pinchard*.	*Glapir*, — *glapissant*.
Mon papier *perce*.	Mon papier *boit*.

(1) On dit des *écales* de noix , et non des *écoffes*.

Ne dites pas :	Il faut dire :
Il n'ose *piper* devant moi.	Il n'ose *parler*, il ne dit mot.
Il a *pleu* toute la journée.	Il a *plu*.
Pouiller, il m'a *pouillé*.	*Epouiller*, il m'a *épouillé*.
Rafroidir, rafroidissement.	*Refroidir*, refroidissement.
Ramouler, remouler, — ramouleur.	*Aiguiser*, émoudre, émouleur.
Rachever de l'ouvrage.	*Achever* de l'ouvrage.
Il ne peut pas s'en *ravoir*.	Il ne *revient* pas de sa surprise, de son étonnement.
Je m'*en* rappelle.	Je me rappelle *cela*, je me *le* rappelle.
Il a *rappelé* du jugement.	Il a *porté appel* du jugement.
Il me *réchigne*.	Il me *contrefait*.
Il fera *relargir* ses habits, ses souliers.	Il fera *élargir* ses souliers.
Recouvrir la santé, la vue.	*Recouvrer* la santé, la vue.
J'ai *recouvert* mes forces.	J'ai *recouvré* mes forces.
Cet enfant *ressemble* son père.	Cet enfant *ressemble* à son père.
Riboter, faire *ribote*.	*Boire largement*, s'énivrer.
Ils ne s'en *soucissent* pas.	Ils ne s'en *soucient* pas.
Je le *rencontra*, je le *salua*, je lui *demanda* où il allait.	Je le *rencontrai*, je le *saluai*, je lui *demandai* où il allait.
Il ne fait que *trimbaler*.	Il ne fait que *courir*.
Il m'a *tricé* de l'eau.	Il m'a *seringué* de l'eau.
Il *vient* savant, chicaneur.	Il *devient* savant, chicaneur.
Venez *voir*, écoutez *voir*, voyons *voir* cela.	*Venez, écoutez, voyons* cela. (*Supprimez* voir.)
Ils n'en *vaillent* pas la peine; ils ne *veuillent* rien.	Ils n'en *valent* pas la peine; ils ne *veulent* rien (1).

---

(1) On dit *vaillent* et *veuillent* au présent du subjonctif.

PRÉPOSITIONS.

Ne dites pas :	Il faut dire :
Je suis fâché *à* vous ; je ne suis pas content *à* lui.	Je suis fâché *contre* vous, je ne suis pas content *de* lui.
Il est tombé sur une pierre, il saigne *au* nez.	Il saigne *du* nez.
Voilà mon *au jeu.*	Voilà mon *enjeu.*
Demander *après* quelqu'un ; la clef est *après* la porte.	*Demander* quelqu'un : on *vous* demande. — La clef est *à* la porte.
Papiers *de* lettres, huile *de* quinquet.	Papier *à* lettre, huile *à* quinquet.
Je vais confesser *auprès* de M. le curé.	Je vais me confesser *à* M. le curé.
Il a acheté cette montre *auprès* ou *près* de M. Félix.	Il a acheté cette montre *de* M. Félix.
Il y en a bien *des* autres ; j'en veux *des* autres.	Il y en a bien *d'*autres ; j'en veux *d'*autres.
Cela ne fait *de* rien.	Cela ne fait *rien.*
Je loge *du* devant, *du* derrière.	Je loge *sur* le devant, *sur* le derrière.
On a coupé cette plante, cet arbre *rase terre.*	On a coupé cette plante, cet arbre *rez terre.*
On nous voit *depuis* votre jardin.	On nous voit *de* votre jardin.
J'en ai *des* belles, des poires.	J'ai *de* belles poires, ou j'en ai *de* belles.
Vos pommes sont grosses, mais j'en ai *des* aussi grosses.	J'en ai *d'*aussi grosses.

ADVERBES ET LOCUTIONS ADVERBIALES.

Vous m'en donnerez un *petit peu.*	Vous m'en donnerez *un* peu.

Ne dites pas :	Il faut dire :
Il n'est pas *un petit peu* assez cuit.	Il n'est pas *tout-à-fait* assez cuit.
Marchez en *errière*.	Marchez en *arrière*.
Une fois pour *tout*.	Une fois pour *toutes*.
Je ne l'ai pas fait *par exprès*.	Je ne l'ai pas fait *exprès, à dessein*.
Fur ou *fleur à mesure, fait à fait*.	*Au fur et à mesure; à mesure que*.
Tant pire.	*Tant pis*.
Vous serez *brâment enuité*.	Vous serez *beaucoup* enuité.
Il est *fameusement* bête, il est bête *comme tout*.	Il est *fort* bête.
Arrangez cela *bien-à-point*.	Arrangez cela *convenablement*.
Irez-vous avec nous ? j'irai *tout de même*.	J'irai *en effet*, j'irai *certainement*.
Il y a *belle lurette*, il y a *bel âge*.	Il y a *long-temps*.
A la fin des fins vous voilà arrivé.	*Enfin* vous voilà.
Coûte qui coûte, il m'en faut.	*A quelque prix que ce soit*, il m'en faut.
Il l'a fait par *mégard*.	Il l'a fait par *mégarde*.
Nanni, oh non ! oh oui ! Monsieur.	Dites simplement : *oui*, Monsieur; *non*, Monsieur.
C'est *de recommence*, — comme *de juste*.	C'est *à recommencer*, — comme *de raison*.
Dites-moi *combien que* cela vous coûte. — *pourquoi donc que* vous n'avez pas travaillé ! quelle heure *qu'il est*.	Dites-moi *combien* cela vous coûte. — *Pourquoi* n'avez-vous pas travaillé ? quelle heure *est-il* ? (*Ne mettez jamais* que *après* combien, pourquoi, quel.)

Ne dites pas :	Il faut dire :
A tout éreinte, à tout areinte.	*A outrance.*

CONJONCTIONS.

Malgré que ce soit votre frère.	*Quoique* ce soit votre frère.
Avec cela, quoique cela, je ne vous crois pas.	*Malgré cela*, je ne vous crois pas.
Pas moins si vous étiez savant.....	*Cependant* si vous aviez de l'instruction.
Il m'a dit *comme ça que...*	Il m'a dit *que*.....
Qu'est-ce que vous demandez ? *qu'est-ce qu'il dit ?* voyez *qu'est-ce qui est-là ?*	*Que* demandez-vous ? *que* dit-il ? voyez *qui* est là ?

PRONONTIATION.

Du *cafet*, du *raisinet*, un *navé*, un *béné*.	Du *café*, du *raisiné*, un *navet*, un *benêt*.
Ces *gences*-là sont *frillieux*.	Ces *gens*-là sont *frileux*.
Un *siau* d'eau.	Un *seau* d'eau.
Le *lend'demain*.	Le *lendemain*.
Un habit *neu*, des souliers *neus*.	Un habit *neuf*, des souliers *neufs* (faites sentir l'*f*).
Vous êtes *bien'hardi*.—c'est un'*hassard*.	Vous êtes bien *hardi*.—c'est un *hasard*. (L'*h* est aspirée.)
Quante vous aurez fini.	*Quand* vous aurez fini. (*Prononcez* quan.
Nous sommes *vingte*.	Nous sommes *vingt*. (Ne faites pas sentir le *t*.)

Ne dites pas :	
Més, tés, sés, cés, dés, lés.	*Mes, tes, ses, ces, des, les,* comme s'il y avait un accent grave : *més, tés,* etc. ou comme *mais, tais.*
Je buvé au moment que tu *entré* chez moi.	*Je buvais, tu entrais* (en ouvrant la bouche).
Fauteuye, soléye, feuye.	Mouillez les *ll* : *fauteuil, soleil, feuille.*
Je trouvèrai l'empèreur.	Je trouvèrai l'Empereur. (Ne faites pas sentir l'*é*)
Du fromache, la vendanche. dimange.	Du fromage, la vendange, dimanche.
Une quérelle, un régistre.	Une querelle, un regisire : en ne faisant pas sentir le premier *e* qui est muet.

CRIS DES ANIMAUX.

L'Aigle *trompette.*
L'Alouette *tirelire.*
L'Ane *brait.*
Le Bœuf *beugle.*
La Caille *margotte*, *carcaille.*
Le Canard *nazille.*
Le Cerf *brame.*
Le Chat *miaule.*
Le Cheval *hennit.*
Le Chien *aboie, jappe.*
La Cigogne *claquette.*
La Cigale *craquette.*
Le Cochon *grogne.*
Le Coq *chante.*
Le Corbeau *croasse.*
Le Crocodile *lamente.*
Le Dindon *glouglotte.*
L'Eléphant *barreye.*
Le Faon *rale.*
La Grenouille *coasse.*
Le Grillot *grésillonne.*

L'Hirondelle *gazouille.*
Le Hibou *hue.*
Le Lapin *clapit.*
Le Lion *rugit.*
Le Loup *hurle.*
Le Merle *siffle.*
Le Moineau *pépie.*
La Mouche *bourdonne.*
Le Mouton *bêle.*
L'Oie *criaille.*
L'Ours *gronde.*
Le Paon *braille.*
La Pie *jacasse.*
Le Pigeon *roucoule.*
Le Pinson *ramage.*
La Poule *caquette.*
Le Ramier *caracoule.*
Le Renard *glapit.*
Le Sanglier *grommelle.*
Le Serpent *siffle.*
Le Taureau *mugit.*
La Tourterelle *gémit.*

---

(1) On appelle *vagissement* le cri des petits enfans.

OBSERVATIONS SUR QUELQUES PARTIES DES ANIMAUX.

Si la matière qui compose le pied d'un animal est de corne, on dit le *pied*. Exemples : le *pied* d'un cheval, d'un cerf, d'un bœuf, d'un mouton, d'une chèvre; mais si la matière n'est pas de corne, on dit la *patte*. Exemples : la *patte* d'un chien, d'un chat, d'un lièvre, d'un lapin, d'un loup, d'un singe, d'un ours, d'un rat, etc.

On dit encore les *griffes* d'un chat, d'un tigre ; les *serres* d'un aigle, d'un vautour, d'un épervier.

Bouche se dit en parlant du cheval, du mulet, du chameau, de l'éléphant ;

Gueule pour les poissons et la plupart des quadrupèdes ;

Bec pour les oiseaux.

GENRES DES NOMS DE VILLES.

Les noms de ville terminés par un *e* muet, ou par un *e* muet suivi d'une *s*, sont en général du genre féminin : *Rome, Bayonne, Gènes.* —Ceux qui ont une autre terminaison sont masculins : *Lyon, Toulon.* — Il y quelques exceptions à ces deux règles.

EXERCICES

SUR LES

HOMONYMES

FRANÇAIS.

A

Il *a* étudié *à* Paris.

Il y *a* de la honte *à* ignorer l'orthographe.

Abaisse toi devant madame l'*abbesse*.

Je l'ai *admis* à ma table, quoiqu'il ne m'aime qu'*à demi*.

Je ne veux pas que tu *ailles* où l'on mange de l'*ail*.

Cette fauvette n'a plus qu'une *aile*; *elle* ne peut plus voler.

Je veux sortir du milieu de cette *aire*; autour de laquelle tu *erres* toi-même depuis une heure: on y respire un *air* trop épais.

L'*ère* chrétienne commence à la naissance du Christ.

Est-ce vous, monsieur, qui partez pour *Aix*-la Chapelle

Cordonnier, puisque vous avez rompu votre *alène*, re prenez *haleine*.

Il a été condamné à une *amende* de seize francs, pour avoir dérobé des *amandes*.

Mon *ami* Pierre a donné plusieurs *amicts* très-fins à l'église de sa paroisse.

J'avais vingt *ans* lorsque je partis pour voyager *en* Italie.

Ce marchand vend des *ancres* pour les vaisseaux, et de l'*encre* pour écrire.

Ce bel *âne* appartient à ma sœur *Anne*.

Je *vois* par où l'on *entre* dans cet *antre*.

Les habitans de la ville d'*Anvers* sont charitables *envers* les pauvres.

Où passerez-vous le mois d'*août*? A Paris *ou* à Versailles.

Les *appas* de la beauté sont souvent un *appât* bien dangereux pour la jeunesse.

Après votre départ, on me fit voir tous les *apprêts* de la fête.

Votre frère, qui cultive avec succès les *arts* libéraux, m'a vendu un terrain contenant vingt-deux *ares*; je lui ai donné cent francs pour des *arrhes*.

L'*Avent* commence quatre semaines *avant* Noël.

Au petit Paris, on ferme la porte aux tapageurs. Le restaurateur veut qu'on serve le vin sans *eau*, la viande sans *os*, et il défend de mettre de l'ail ou des *aulx* dans les ragoûts. *O* le brave homme ! *Oh !* qu'il est admirable !

C'est un poète du département de l'*Aude* qui a composé cette belle *ode*.

L'*aune* de ce marchand est faite avec du bois d'*aulne*.

Cet homme était né sous l'heureux *auspices*, et néanmoins il a terminé sa vie dans un *hospice*.

Ce prêtre a célébré la messe à l'*autel* de la sainte-Vierge, et il a dîné ensuite à l'*hôtel* des halles.

B

Trois jeunes hommes de la ville de *Bâle*, se rendant à un *bal*, pour y danser, furent blessés de deux *balles* de fusil.

Bah ! il a vendu le *bât* de son âne pour acheter une paire de *bas*. Il *bat* ses camarades.

Balaie la salle avec un *balai* neuf ; les acteurs veulent y danser un *ballet*.

J'étais assis sur un *banc* de l'église lorsque j'ai entendu publier ton premier *ban* de mariage.

On a levé le *ban* des vendanges.

J'ai loué les *beaux* appartemens de ma maison : le notaire en a passé les *baux*.

Il faudrait un grand nombre de pièces de *billon* pour un *billion* de francs, disait un calculateur de *Billom*, en Auvergne.

Tu *boites* des deux jambes. Fais des *boîtes* de carton.

Quand un *bon* frondeur lance une pierre sur l'eau, elle y fait des *bonds*.

C'est un *bonheur* pour vous d'être arrivé de *bonne heure*.

Il est couvert de crotte et de *boue* j'usqu'au *bout* du nez.

Mon *but* est d'arriver à cette *butte* avant midi.

Ce *cadre* est vilain; il ne *quadre* pas avec le tableau qu'il entoure.

Qu'est-ce que l'on a renfermé dans cette *caisse*?

Un *camp* de vingt mille hommes sera formé près de la ville de *Caen*, en Normandie. *Quand* irons-nous le visiter? *Qu'en* dites-vous? *Quant* à la dépense du voyage, je m'en charge, si vous voulez me prêter l'histoire des grands *kans* de la Tartarie.

Nous avons traversé des *canaux* et des rivières sur un frêle *canot*.

Il a tué une *cane* et une oie d'un seul coup de *canne*, près de la ville de *Cannes*.

Voyez comme depuis un *quart* d'heure, ce jeune fat se *carre* devant nous! Jeune homme; moins de fierté, *car* on méprise vos airs de hauteur.

En jouant aux *cartes*, il a été saisi d'une fièvre *quarte*.

Trois *cartiers* (débitant de cartes,) demeurant dans notre *quartier*.

Ce jeune homme *se* repent de ses fautes.

Ces livres-ci appartiennent à deux de *ses* amis.

'Ce pieux et *saint* personnage, qui est *ceint* d'une large ceinture, n'a pas le corps très-*sain*, puisqu'il a un cancer au *sein*. Je lui ai prêté *cinq* francs, dont il m'a fait une reconnaissance sous *seing* privé.

Voilà le *cellier* où sont renfermées les provisions de bouche du *sellier* qui fait nos selles et nos carosses.

Cette *cense* (métairie) doit un *cens* annuel de dix francs à la ville de *Sens*.

Vous êtes *censé* avoir tenu des discours *sensés*.

A la dernière *session* du conseil municipal, il fut proposé de faire une *cession* (un abandon) au malheureux, de tous les terrains vagues de la commune.

C'est lui qui *s'est* trompé, en assurant qu'il y avait *sept* raisins sur chacun des *ceps* de sa vigne : il n'en *sait* rien.

On a trouvé une *chaîne* d'or suspendue à l'un des *chênes* de la forêt.

Mon *cher* frère et ma *chère* sœur font habituellement bonne *chère*; il leur arrive même quelquefois, au mépris des lois de l'église, de manger de la *chair* les jours de jeûne et d'abstinence, quoique annoncés en *chaire* par leur curé.

En me promenant dans les *champs*, j'ai entendu les *chants* des oiseaux et des bergers.

Qu'il fait *chaud* auprès de ce four à *chaux* !

Cet enfant de *chœur* a un bon *cœur*.

De quoi est composé le saint-*chréme* ? d'huile et de baume, et non de la *créme* de lait.

Sire, je prie votre majesté de me donner le miel et la *cire* de ses abeilles.

Un *clerc* de notaire ne boit souvent à ses repas que de l'eau *claire*.

Une des *clàuses* du contrat porte qu'on tiendra la porte *close*) fermée.)

On fabrique des *clous* dans la ville de St.-*Cloud*.

En préparant mon *col*, la repasseuse a laissé tomber de la *colle* dessus.

Mon tailleur *collait* de la toile épaisse dans les *collets* de mes habits.

L'avare est *content* en *comptant* ses écus ; le militaire, en *contant* l'histoire de ses campagnes.

M. le *comte* examinait avec indifférence les *comptes* que lui rendaient ses intendans, qu'il amusait par des *contes* et des sornettes.

Ce fier *coq* becquette la *coque* des œufs qu'il trouve.

Tout mon *corps* est agité, lorsque j'entends sonner du *cor* et de la trompette.

J'ai un *cor* au pied.

Ma fille *coud* et brode très-bien : mais elle se découvre le *cou* et les épaules d'une manière indécente. Elle mériterait qu'on lui donnât des *coups* de bâton.

Le *coût* d'une chose ; ce qu'elle coûte.

Je *crains* que le *crin* de ce matelas ne soit pourri.

Ce voiturier poussa un *cri* de joie en retrouvant son *cric*, qu'il avait perdu. (Le *cric* est une manivelle pour soulever les voitures, etc.)

Je *crois* que le supplice de la *croix* était le genre de mort le plus cruel.

Ce jeune homme dit que, depuis deux ans, il a *cru* de quatre pouces, et qu'il n'a pas encore toute sa *crue :* mais il ne sera pas *cru* sur parole. Il mange du lard *cru* et de la viande *crue.*

Pendant que le tanneur prépare ses *cuirs*, il ne peut pas faire *cuire* sa viande.

Le *cygne* (oiseau) est le symbole ou le *signe* de la candeur.

D

A la dernière procession de la Fête-Dieu, le *dais* fut porté, *dès* la sortie de l'église, par *des* hommes d'un *choix* singulier : l'un des porteurs était marchand de *dès* à coudre et de *dès* à jouer ; un autre avait été autrefois esclave du *dey* d'Alger.

Dans quelques années, je n'aurai plus de *dents ;* ce dentiste vient *d'en* expliquer la cause.

Je l'ai prié de m'envoyer des *dattes*, fruit que j'aime, par une lettre en *date* du 5 de ce mois.

Mon espoir est *déçu :* notre ennemi a le *dessus.*

Pour se *délasser* de ses fatigues, cette femme se fait *délacer* (ôter son lacet).

Tu *désires* de satisfaire tes *désirs*

Mon *dessein* est de faire apprendre le *dessin* à mes enfans.

Il y a *dix* mois que tu me *dis* que je ferais bien *d'y* penser.

Tu *dois* savoir que chacune de tes mains à cinq *doigts*.

Dom Pédro lui a fait présent d'une tabatière *dont* le travail est admirable ; c'est un beau *don*, n'est-ce pas ? Répondez *donc*.

D'où êtes-vous ? Je suis du département du *Doubs*, où l'on récolte des vins *doux* et agréables.

Donnez-moi *du* pain, ou payez-moi ce qui m'est *dû* par vous.

E

Fais répéter aux *échos* des forêts que chacun doit payer son *écôt*.

Souffle ta lanterne : ces *éclairs* continuels nous *éclairent* suffisamment.

Ces deux écoliers travaillent à *l'envi* l'un de l'autre, tant ils ont *envie* de se surpasser.

Tu ne crois pas que cet *ais ait* déjà été employé, *et* tu *es* dans l'erreur : il *est* à moitié usé.

Faites fondre cet *étain* avant que le feu soit *éteint*.

Étant prévenu que ce blanchisseur *étend* son linge sur la chaussée de mon *étang*, je lui demanderai une indemnité.

Nous mangerons la viande, *eux* mangeront les *œufs*.

F

Il faut que tu *fasses* crépir la *face* de ta maison.

Il *feint* d'avoir *faim* et soif, et je sais à quelle *fin* : il est bien *fin*.

Voilà un habitant de La *Fère*, en Picardie, qui paraît *faire* plus de cas du *fer* que de l'or.

C'est un *fait* certain qu'il a succombé sous le *faix* des années.

Cet oiseleur a pris un *faisan* en *faisant* la tournée de ses lacets..

Que *faites*-vous au *faîte* (au sommet) de cet arbre? Je considère les jeux et les plaisirs de la *fête* patronale.

Le bûcheron qui *fend* du bois dans le vallon, a fait fuir une biche et son *faon*.

Cette femme qui était assise près du *phare* de Messine, avait le visage couvert de *fard*.

Vous dites qu'on a creusé une *fosse* de sept pieds pour l'enterrer ; cette nouvelle est *fausse*.

Il *faut* que le faucheur aiguise sa *faux*.

Il a fait un *faux* pas, et commis un *faux*.

Fi de ce poltron! il *fit* dernièrement une action pleine de lâcheté.

Ce beau *fil* de lin, c'est ma sœur qui le *file*.

Voilà un petit coquin, né à *Foix*, qui manque de bonne *foi*. Son père lui a donné avant hier deux *fois* le *fouet*, en punition de ce qu'il avait dérobé un *foie* de veau pour le manger

Un *fouet* de postillon.

Que *font* vos frères ? L'un *fond* du plomb au *fond* d'une caverne ; l'autre cultive un *fonds* de terre ; le troisième peint un tableau pour en orner les *fonts* baptismaux.

G

Il n'était pas très-*gai* quand il fallut passer à pied le *gué* de la rivière.

J'ai acheté une paire de *gants* dans la ville de *Gand*.

Le *geai* et le corbeau que *j'ai* vus sur le même arbre, se sont laissé approcher à un *jet* de pierre. Le corbeau était aussi noir que du *jais*.

Les jeunes *gens* aiment les fables de *Jean* Lafontaine ; *j'en* suis certain. (*Gent*, singulier de *gens*, n'est plus usité qu'en poésie.)

Les hommes attaqués de la *goutte* ne devraient pas boire une *goutte* de vin. Ils ne *goûtent* pas impunément de cette liqueur.

Cette femme est trop *grasse*, et néanmoins elle n'a pas mauvaise *grâce*.

Dans les anciennes républiques de la *Grèce*, on brûlait, en l'honneur des dieux, la chair et la *graisse* des animaux.

Voila un habitant de *Gray* qui confectionne des pots de *grès* contre son *gré*.

Lorsqu'on fait la *guerre*, on ne respecte *guère* les propriétés.

Ci-*gît* le baron André, qui naquit à *Gy*.

H

Cette femme, qui se *hâle* le teint au soleil, vendait hier du blé à la *Halle*.

Rarement un *héraut* est un *héros*.

Cet écolier *hait* l'étude, il passe souvent le temps des classes derrière les *haies* et les buissons.

Hier on a signalé un vaisseau près des îles d'*Hyères*.

Faisons une partie d'*hombre* à l'*ombre* de ce hêtre.

Quand notre *hôte* nous sert à dîner, il *ôte* son chapeau.

Déracinez les *houx* de ce bosquet avec une *houe*.

I

Il a habité l'*île* Saint-Domingue.

J

Avant 21 ans, les *jeunes* gens ne sont pas obligés au *jeûne*.

Quand *j'eus* exprimé le *jus* de mes raisins, je goûtai de cette liqueur.

L

C'est vous qui avez tué *la* louve prise dans des *lacs* (lacets); vous êtes *las*, asseyez-vous *là*.

Ce chasseur qui était si *laid*, et qui ne buvait que du *lait* de chèvre, vient d'être blessé mortellement par une *laie* et un sanglier. Son testament contient un *legs* de mille francs en ma faveur.

C'était en *l'an* 1820 que mon frère étudiait au collége de *Laon*, et alors il n'était ni *lent* ni paresseux je *l'en* félicitais ; mais depuis...

Dites-*leur* que c'est une *leurre* pour les tromper.

Je *lie* des gerbes, et tu *lis* ta leçon.

Il y a trois *lieues* de chemin pour arriver en ce *lieu*.

Ce *lion* est féroce ; *lions*-le, nous le conduirons à *Lyon*.

Ce musicien qui joue si bien de la *lyre*, ne sait pas *lire*.

Je *lis* dans mon *lit*, et je respire l'odeur des *lys* de mon jardin.

Il y a beaucoup de *loirs* dans les pays arrosés par le *Loir* et par la *Loire*.

L'on haït les *longs* discours.

J'étais là, *lors* de son entrevue avec le *lord* Wellington.

Dis-*lui* que le soleil *luit* pour tout le monde.

La *lutte* s'est engagée au son du *luth*.

M

Ma mère *m'a* défendu de monter sur le grand *mât* du vaisseau.

Mais pensez donc, *mes* enfans, que le 1er du mois de *mai* c'est fête. On *met* son bel habit ; on mange d'un *mets* extraordinaire.

J'ai vu, à Francfort-sur-le-*Mein*, *maints* bourgeois me présenter la *main* en signe d'amitié.

Ma *mère* et moi, voulant visiter les bords de la *mer* méditerrannée, M. le *maire* nous a donné un passeport.

Quel *mal* vous a-t-il fait? Pourquoi brisez-vous sa *malle?*

Le *Mans* est une ville où chacun *ment*, du moins je m'en doute.

Lorsque tu étudiais au collége de *Meaux*, tu avais bien des *maux* de trouver tes *mots* dans le dictionnaire.

Ment-on, quand on a de la barbe au *menton?* Nous *mentons* tous, dit le sage.

J'ai assisté à la *messe* dans la cathédrale de *Metz*.

Il faut *mettre* à part six *mètres* de ce drap pour en faire un manteau à mon *maître*.

*Mène-*le dans le département de *Maine-et-Loire*.

Vous et *moi* nous partirons dans un *mois*.

Mon père et ma mère *m'ont* engagé à visiter les *monts* Vosges.

Dans la Mauritanie, pays des *maures*, tout chien qui aboie ne *mord* pas, tout cheval ne prend pas le *mors* aux dents; mais là, comme ailleurs, la cruelle *mort* n'épargne personne : elle vient d'y enlever mon frère *Maur*.

Boire du *moût*, en mangeant du *mou* de veau, est un régal qui fait faire la *moue* au meûnier qui *moud* mon blé : c'est un homme *mou*.

On a trouvé, près du grand *mur*, des *mures* et des abricots tout-à-fait *mûrs*.

N

L'homme *naît* avec des défauts qu'il *n'est* pas facile de détruire.

Mettez cela au *net*.

Je *n'ai* pas encore vu ton fils nouveau *né*; on dit qu'il a un grand *nez*.

Le *nœud* de rubans a été dénoué par les *neuf* sœurs.

Ni toi *ni* moi ne savons pas de *nids* d'oiseaux. Tu dis en avoir trouvé un, il *n'y* a pas long-temps, mais je le *nie*.

Je crains qu'il ne se *noie* en abattant des *noix* tout à côté de la rivière.

Dis-moi ton *nom*; *non*, je ne vous dirai point.

O

On dit qu'ils *ont* travaillé beaucoup.

En avez-vous *ouï* parler ? *oui*, monsieur.

P

Il a *peint*, dans ce tableau, un enfant mangeant un morceau de *pain* à l'ombre d'un *pin*.

Ton *père*, qui ne sera jamais *pair* de France, *perd* sa fortune au jeu : hier, encore, il a perdu l'argent de deux *paires* de bœufs.

Ce beau *paon* s'est perché sur un *pan* de mur.
En Angleterre on *pend* les voleurs.

En poursuivant un *paonneau* et un *paon*, le vautour s'est pris dans un piège : il a donné dans le *panneau*.

Je *pense* que cet animal a une trop grosse *panse*.

Nous devons *penser* charitablement que ce chirurgien sait au moins *panser* une plaie.

Elle se *pare* de ses plus beaux vêtemens, et elle *part* à l'instant *par* la diligence, pour aller toucher la meilleure *part* de ses revenus.

Voilà une étoffe bien *parante*, achetez-en une robe à votre *parente*.

En été, mes moutons *parquent* dans les champs qui avoisinent mon *parc*.
Les *Parques*, déesses de la mort.
Un habitant de *Paris* a gagné un *pari* considérable.

Il y a une grande distance entre la ville de *Paule* en Calabre, et le *pôle* antarctique.

Un négociant de *Pau*, dans le Béarn, couvert d'une *peau* d'ours, s'est noyé dans le *Pô*, en voulant en retirer deux *pots* de grés qui y étaient tombés.

Lecteur, *pose* là ton livre, et fais une petite *pause*; reprends haleine.

Le serrurier aura *peine* à raccommoder le *péne* de la serrure.

Tes toiles sont bien *peintes*, donne au teinturier pour une *pinte* de vin.

La *Perse* est un royaume de l'Asie.
Je *perce* un mur.

Tu *peux* croire que j'ai *peu* de fortune.

Le *pic* avec lequel on casse les pierres est plus utile que l'arme nommée la *pique*.

Un *pieu* est un bâton pointu.
L'homme *pieux* a de la piété.

Il vous *plaît* donc de panser ma *plaie*.

Ses appartemens sont de *plain*-pied; toujours *pleins* d'une foule importune : je le *plains*.
Le *plain*-chant.

En traversant la *plaine* de Grenelle, j'ai trouvé une corbeille *pleine* de gâteaux.

J'ai tracé sur le papier le *plan* de mon jardin; il y aura ici un *plant* d'arbres.

Il a échangé les *poids* de sa balance contre une livre de *poix* noire et un boisseau de *pois*.

Ce chien a brûlé son *poil* en se frottant près du *poêle*.
La *poêle* à frire.

Tu lui as donné un coup de *poing*; il ne le méritait *point*.

On a embarqué, au *port* de Brest, plusieurs *porcs* gras.
La chaleur ouvre les *pores* de la peau.

Le médecin vous tâte le *pouls*.
Vous avez des *poux* sur la tête.

Cette branche *pousse* chaque année de 3 à 4 *pouces*.

Près d'ici existe un usurier toujours *prêt* à obliger ;
mais il ne fait ses *prêts* qu'à de gros intéiéts.

Ne voulant pas vendre mon jardin, j'ai *pris* le parti
d'en surfaire le *prix*.

Je désirerais que tu *pusses* détruire toutes les *puces* de
cette maison.

Il y a dans la ville de *Puy* un *puits* très-profond ; je
puis vous l'assurer.

Q

Quoi! vous tiendrez-vous toujours *coi*? (tranquille.)

R

Ce clavecin *résonne* bien, mais toi, tu *raisonnes* fort
mal : tu n'a pas de bonnes raisons.

Rends-moi le *rang* que j'occupais avant ma disgrâce.

Les loirs et les *rats* m'ont mangé un boisseau de blé
mesuré *ras*.

Saint-*Roch* habita long-temps le sommet d'un *roc* escarpé; aussi avait il souvent la voix *rauque*.

Il faut avoir de bons *reins* pour traverser le *Rhin* à la nage.

La *reine* de Norvège savait tenir les *rénes* de l'Etat. Elle fit présent d'un beau *renne* à un Breton né à *Rennes*.

Garçon, *rince* les verres, et donne-nous une bouteille de vin de *Rheims*.

Tu *ris* de bon cœur, lorsque tu manges du *riz*.

Le charron qui a fait les *roues* de ma voiture a les cheveux *roux*.

Le *roi*, traversant la ville de *Roye*, adressa la parole à une femme qui filait au *rouet*.

Le caillou est *rond*; il se *romp*, il ne plie pas.

<h1 style="text-align:center">S</h1>

Seigneur, quand je serai malade, ne me livrez pas à ce terrible *saigneur*.

Cette *sainte* fille qui est *ceinte* d'une large ceinture, est née à *Saintes*.

Cette ville, traversée par la *Seine*, est dans une position *saine* et agréable; il est à regretter que les habitans aient souvent entre eux des *scènes* scandaleuses.

J'ai assisté, cette année, à la célébration de la *céne*, le jeudi-saint.

La cuisinière est *sale*; sa malpropreté paraît jusques dans la *salle* à manger; elle a un autre défaut : elle *sale* trop ses ragoûts.

Nous *savons* que les blanchisseuses usent beaucoup de *savon*.

Mon père, homme de bon *sens*, *sent* que son mal est *sans* remède et qu'il a tout au plus *cent* jours à vivre : déjà son *sang* se décompose ; *c'en* est fait, il *s'en* va.

Triste *sort* de n'avoir à manger qu'un hareng *saur*.
Sors d'ici.

En voulant faire un *saut* périlleux, ce jeune *sot*, qui est né à *Sceaux*, a renversé un *seau* d'eau et a brisé le *sceau* ou le cachet de la commune.

Ton menuisier a une *scie* qui lui coûte *six* francs ; si tu voulais t'en servir, il *s'y* opposerait.

Ces *scieurs* de planches scient pour le *sieur* Dumont.

Cette maison sera vendue le *sept* janvier.
Evitez le *serein*, ou la rosée du soir.

J'entends chanter mes deux *serins*.

Tu *serres* tes écus dans ton coffre fort ; *sers*-nous plutôt à dîner un morceau du *cerf* que tu as tué à la chasse.
Serf, esclave.
Serre, où sont les plantes, les fruits.
Serre de l'aigle, etc.
Pour porter sur *soi* des étoffes de *soie*, il faut qu'on *soit* à l'aise.

Les trois *soles* de cette ferme sont situées dans un *sol* sablonneux, mais fertile.

6*

Je *sonnais* les cloches pendant que ce poète était occupé à composer un *sonnet.*

Vois, étendu *sous* un arbre, ce gueux à qui tu as donné un *sou;* il est *saoul* d'eau-de-vie.

On a élevé une *statue* à ce héros.

Le *statuts* (les réglemens d'un ordre, d'une compagnie).

Je voulais que tu *susses* que, depuis long-temps, ton fils *suce* beaucoup de sucre en *sus* de celui que tu lui donnes.

Le petit ramoneur qui vous *suit* sent la *suie,* j'en *suis* sûr.

T

Ta mère *t'a* promis ce *tas* de blé.

Thain est une ville du Dauphiné où les hommes ont le *teint* brun. Il croît dans ses environs beaucoup de *thym* et de serpolet.

Il faut vous *taire* et renfermer votre secret dans la *terre.*

Voici bientôt le *temps* où tu *tends* des lacets aux oiseaux. As-tu besoin de ficelle? je *t'en* fournirai *tant* que tu en voudras.

Le *tan* du tanneur.

Ma *tante* Sophie fait confectionner des *tentes* pour le camp.

Ton cheval souffre impatiemment la piqûre des *taons* et autres grosses mouches.

Thon, poisson de mer.

Le chat s'est *tapi* sous un *tapis*.

Vos marchandises ont éprouvé une *tare* considérable ; vous les avez reçues trop *tard*.

Ne partez pas si *tôt* ; vous saurez à quel *taux* il vous prêtera de l'argent.

Tes amis ont une provision de *thé*.

Mets-*toi* à la fenêtre ; moi je monterai sur le *toit*.

Le malheureux a dérobé du fil *tors* ; il a fait beaucoup de *tort* à sa réputation.

Presque *tous* ses parens sont incommodés d'une *toux* sèche.

La *tour* de la cathédrale de *Tours* est peu élevée.

Le *tour* du tourneur.

Votre cheval est *très*-fougueux : il a coupé ses *traits*.

Charles IX fut un *tyran* odieux : on le vit *tirant* des coups de carabine sur ses sujets, lors du massacre de la Saint-Barthélemy.

Le roi d'Assyrie imposa un *tribut* considérable aux dix *tribus* du royaume d'Israël.

Trois beaux poëmes ont immortalisé l'ancienne *Troie*, en Asie. La ville de *Troyes* en Champagne jouira-t-elle jamais d'autant de célébrité ?

Ton cheval est *trop* lourd ; il ne va jamais qu'au *trot*.

V

Le marchand qui m'a vendu du *vin* de Bourgogne à *vingt* francs la mesure, et qui *vint* chez moi hier, est un homme *vain* et orgueilleux.

Madame, ne soyez ni si *vaine* ni si fière de votre noblesse : le sang qui coule dans vos *veines* n'est pas d'une autre nature que celui des personnes que vous méprisez.

Mon valet me ramena du *Valais* un cheval qui *valait* 800 francs.

Ce marchand qui *vend* à la foire des *vans* et des cribles a été renversé de dessus son cheval par un *vent* impétueux.

Il se *vante* d'avoir eu mille francs de bénéfice sur la *vente* de cette ferme.

Vous êtes boucher; vous savez ce que *vaut* un *veau* du pays de *Vaud.*

Mes enfans se *vautrent* dans la boue avec les *vôtres.*

Il a ajouté un *vers* à son poëme, ensuite il a d'rigé ses pas *vers* la forêt; il s'est assis à l'ombre d'un hêtre *vert*, auprès duquel remuait un grand *ver* de terre; enfin il a bu à une source voisine, dans un *verre* fort mal rincé.

Veux-tu faire un *vœu* aussi inconsidéré que celui que fit Jephté?

Les *villes* et les villages renferment beaucoup de *vils* flatteurs et d'âmes *viles.*

Je désirerais que tu *visses* le *vice* (le défaut) qui existe dans la *vis* de ce pressoir,

En me promenant sur cette *voie* romaine, je crois entendre encore retentir la *voix* des anciens soldats qui l'ont construite. Je les *vois* en idée occupés à ce travail.

Voilà, dans ce tableau, une nudité que je désirerais qu'on *voilât*.

Cet oiseau *volait* au-dessus des *volets* de ma chambre.

Il se *voue* à Dieu, n'en êtes-*vous* pas édifié?

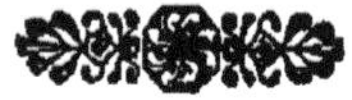